Targilim bekef

תרגילים בכיף

Für alle, die Ivrit lernen

Smadar Raveh-Klemke

Targilim bekef
תרגילים בכיף

Übungsbuch zu „Ivrit bekef“

BUSKE

Smadar Raveh-Klemke ist in Israel geboren und aufgewachsen. Die Diplom-Designerin lebt heute in Hamburg, wo sie als Grafikerin und Illustratorin gearbeitet hat. Gleichzeitig hat sie gut zwei Jahrzehnte Hebräisch an der Volkshochschule unterrichtet. Auf Basis dieser umfangreichen Erfahrung entwickelte sie Lehrbücher und verschiedenen Unterrichtsmaterialien für Ivrit.

Bibliografische Information der Deutschen Nationalbibliothek

Die Deutsche Nationalbibliothek verzeichnet diese Publikation in der Deutschen Nationalbibliografie; detaillierte bibliografische Daten sind im Internet über ‹https://portal.dnb.de› abrufbar.

ISBN 978-3-96769-254-9

 Umschlaggestaltung, Illustrationen und Satz: Smadar Raveh-Klemke. Druck und Bindung: Plump Druck & Medien, Rheinbreitbach. Printed in Germany.

Inhaltsverzeichnis תוכן עניינים

Einführung הקדמה

Dieses Buch ist als Begleitband zu „Ivrit bekef" konzipiert und dient der Vertiefung und Erweiterung der bisher erworbenen Sprachkenntnisse. Damit rundet es die BEKEF-Lehrbuchreihe ab, zu der auch die Schrifteinführung „Otijot bekef" und die Grammatik „Dikduk bekef" gehören.

Das Übungsmaterial teilt sich analog zu „Ivrit bekef" in 20 Lektionen auf und bietet eine Vielzahl ganz verschiedener Aufgaben. So lassen sich Wortschatz und Grammatik im Kontext unterschiedlicher Themen sehr abwechslungsreich einüben und festigen.

Die einzelnen Lektionen sind inhaltlich eng an das Lehrbuch angelehnt, und unter dem Hinweis „⇨ *IVRIT BEKEF Seite...*" findet man die parallele Stelle im Lehrbuch, für die die nachstehenden Übungen gedacht sind.

Die Anmerkung „⇨ *IVRIT BEKEF Ende Lektion...*" besagt, dass es sinnvoll ist, die folgenden Übungen erst nach Abschluss der gesamten Lektion durchzuführen.

Wenn es sich dabei um Schreibübungen handelt, sollten sie zu Trainingszwecken unbedingt in Schreibschrift ausgeführt werden.

Sofern ein Übungstext eine bisher nicht eingeführte Vokabel enthält, wird sie mit einer Hochzahl משחקים[19] gekennzeichnet und mit dieser Zahl im Wortschatz auf den Seiten 169 und 170 aufgelistet und übersetzt.

Alle Lösungen sind gleich im Anschluss an die einzelnen Lektionen angegeben. Dabei sind die Lösungen für die Schreibübungen in Schreibschrift aufgeführt. Nur die Lösungen der Übersetzungstexte sind in Schreibschrift und in Druckschrift wiedergegeben - als kleines Entgegenkommen für alle, denen längere Texte in Schreibschrift doch recht mühselig erscheinen.

Denn schließlich gilt: „Targilim bekef" - Übungen mit Spaß!

Lektion 1 שיעור

⇨ *IVRIT BEKEF Seite 5*

1. כתוב את המשפטים הבאים בכתב יד:

Schreibe die folgenden Sätze in Schreibschrift:

1. מי את? - אני דָנִיאֵלָה. ____________
2. הוא מורה לעברית. ____________
3. היא תלמידה מירושלים. ____________
4. אתה מברלין? - לא, אני מהמבורג. ____________
5. זה מִיכָאֵל. הוא סטודנט. ____________
6. זאת נִינָה. היא מורה. ____________
7. היא לא טכנאית. ____________

2. כתוב "זה" או "זאת":

Setze „se" oder „sot" ein:

1. ______ סטודנטית
2. ______ טכנאי
3. ______ מוֹרֶה
4. ______ תלמידה
5. ______ קיבוצניקית
6. ______ טכנאית
7. ______ מוֹרָה
8. ______ סטודנט
9. ______ תלמיד
10. ______ ארכיטקט

⇨ *IVRIT BEKEF Seite 7*

3. כתוב את שם הגוף בכתב יד וחבר את צורת היחיד עם צורת הרבים שלו:

Schreibe die Personalpronomen in Schreibschrift und verbinde die Singularform rechts mit der Pluralform links:

אני	אתם ....
אתה	הן ....
את	אנחנו ....
הוא	אתן ....
היא	הם ....

4. כתוב את המשפטים הבאים בכתב יד:

Schreibe die folgenden Sätze in Schreibschrift:

1. הם פקידים. ______________________________
2. אנחנו מורות להסטוריה. ______________________________
3. דני ויוסי סטודנטים למוסיקה. ______________________________
4. אתם מברלין? ______________________________
5. אתן מורות? - לא, אנחנו תלמידות. ______________________________
6. הם טכנאים מתל אביב. ______________________________

⇨ *IVRIT BEKEF Ende Lektion 1*

5. תרגם את המשפטים וכתוב אותם בכתב יד:

Übersetze und schreibe in Schreibschrift:

1. Wer bist du? - Ich bin Dina.

___

2. Ist er Danny? - Nein, er ist Michael.

___

3. Seid ihr Sekretärinnen? - Nein, wir sind Lehrerinnen für Hebräisch.

___

4. Nina und Mina sind Schülerinnen aus Tel Aviv.

___

5. Das ist Daniel. Er ist Lehrer für Geschichte.

___

6. Das ist Daniela. Sie ist Studentin für Musik.

___

7. Wir sind Techniker (m.) aus Haifa.

___

8. Sie ist aus Tel Aviv. Sie ist Lehrerin für Hebräisch.

___

Lösungen 1 פתרונות

.1

1. מי את? - אני דניאלה. 2. הוא מורה לעברית. 3. היא תלמידה מירושלים.
4. -אתה מברלין? -לא, אני מהמבורג. 5. זה מיכאל. הוא סטודנט.
6. זאת נינה. היא מורה. 7. היא לא טכנאית.

.2

1. זאת 2. זה 3. זאת 4. זאת 5. זאת 6. זאת 7. זאת 8. זה 9. זה 10. זה

.3

אני - אנחנו, אתה - אתם, את - אתן, הוא - הם, היא - הן

.4

1. הם פקידים. 2. אנחנו מורות להסטוריה. 3. דני ויוסי סטודנטים למוסיקה.
4. אתם מברלין? 5. אתן מורות? - לא, אנחנו תלמידות. 6. הם טכנאים מתל אביב.

.5

1. מי את? - אני דינה. 2. זה דני? - לא, זה מיכאל. 3. אתן פקידות? - לא, אנחנו מורות לעברית. 4. נינה ומינה תלמידות מתל אביב. 5. זה דניאל. הוא מורה להסטוריה. 6. זאת דניאלה. היא סטודנטית למוסיקה. 7. אנחנו טכנאים מחיפה. 8. היא מתל אביב. היא מורה לעברית.

1. מי את? - אני דינה. 2. זה דני? - לא, זה מיכאל. 3. אתן פקידות? - לא, אנחנו מורות לעברית. 4. נינה ומינה תלמידות מתל אביב. 5. זה דניאל. הוא מורה להסטוריה. 6. זאת דניאלה. היא סטודנטית למוסיקה. 7. אנחנו טכנאים מחיפה. 8. היא מתל אביב. היא מורה לעברית.

Lektion 2 שיעור

➩ *IVRIT BEKEF Seite 15*

1. הקשב לפסקול 5 וסמן את המילים המופיעות בטקסט:

Höre Track 5. Markiere die Wörter, die im Text vorkommen:

1	שלום	6	תלמיד
2	סליחה	7	מורה
3	סטודנט	8	פה
4	פקיד	9	נעים
5	טובה	10	עברית

2. הקשב לפסקול 6 ומלא את המילים החסרות:

Höre Track 6. Vervollständige den Text:

ילדים טובים

מִיקִי ילד ....

גם מִיקָה .... טובה.

.... ילדים טובים.

מִיקִי ילד טוב ו.................. .

מִיקָה .... ילדה טובה ויפה.

מִיקִי ומִיקָה ילדים טובים ... יפים.

⇨ *IVRIT BEKEF Seite 19*

3. כתוב "זה", "זאת" או "אלה":

Setze „se“, „sot“ oder „ele“ ein:

1. ______ סטודנטים
2. ______ בננה
3. ______ לימונים
4. ______ בירה
5. ______ ספר
6. ______ בננות
7. ______ מורָה
8. ______ עוגה
9. ______ תלמיד
10. ______ לחם

4. חבר משפטים מהמילים הבאות:

Bilde Sätze aus den folgenden Wörtern:

אני	את	הם	אתן	יפה	טובים
מורות	תלמיד	טכנאים	פקידה	חדשה	חדש
זה	זאת	אלה	בננה	טובה	לעברית
לחם	עוגה	שוקולד	קפה	לא רע	יפות
מגרמניה	פה	מתל אביב	להסטוריה		

1. ______
2. ______
3. ______
4. ______
5. ______
6. ______

⇨ *IVRIT BEKEF Ende Lektion 2*

5. תרגם את המשפטים וכתוב אותם בכתב יד:

Übersetze und schreibe in Schreibschrift:

1. Entschuldige, bist du Lehrer hier?

---

2. Ihr (m.) seid hübsche Kinder.

---

3. Und wir? Sind wir nicht hübsch (f.)? – Ja! Auch ihr (f.) seid hübsch.

---

4. Das ist ein guter Kuchen!

---

5. Das sind keine schlechten Bananen.

---

6. Was ist das? – Das ist gute Schokolade.

---

7. Bist du Techniker hier? – Nein, ich bin ein neuer Schüler.

---

8. Wer sind sie (diese)? – Das sind Daniel und Robert. Sie sind neue Schüler hier.

Lösungen 2 פתרונות

.1

2, 3, 6, 8

.2

Vergleiche mit IVRIT BEKEF Seite 15.

.3

1. אלה 2. זאת 3. אלה 4. זאת 5. זה 6. אלה 7. זאת 8. זאת 9. זה 10. זה

.4

Beispielsätze – es können andere Sätze gebildet werden.

1. את פקידה חדשה מתל אביב. 2. אתן מורות להסטוריה. 3. זה שוקולד לא רע
4. אני תלמיד לעברית מגרמניה. 5. הם טכנאים פה. 6. זאת עוגה טובה

.5

1. סליחה, אתה מורה פה? 2. אתם ילדים יפים. 3. ואנחנו? אנחנו לא יפות?
- כן! גם אתן יפות. 4. זאת עוגה טובה! 5. אלה בננות לא רעות. 6. מה זה?
- זה שוקולד טוב. 7. אתה טכנאי פה? - לא, אני תלמיד חדש פה.
8. מי אלה? - אלה דניאל ורוברט. הם תלמידים חדשים פה.

1. סליחה, אתה מורה פה? 2. אתם ילדים יפים. 3. ואנחנו? אנחנו לא יפות? - כן! גם אתן יפות.
4. זאת עוגה טובה! 5. אלה בננות לא רעות. 6. מה זה? - זה שוקולד טוב.
7. אתה טכנאי פה? - לא, אני תלמיד חדש פה. 8. מי אלה? - אלה דניאל ורוברט. הם תלמידים חדשים פה.

Lektion 3 שיעור

⇨ *IVRIT BEKEF Seite 26*

1. התאם לכל משפט בצד ימין את המשפט המתאים לו ברבים:

Finde zu jedem Satz rechts die passende Pluralform links:

1. הוא לומד עברית בירושלים
2. אני לא לומדת הסטוריה.
3. את לומדת פה?
4. אתה סטודנט. אתה לומד הסטוריה.
5. היא לומדת פילוסופיה בחיפה.

א. אתן לומדות פה?
ב. הן לומדות פילוסופיה בחיפה.
ג. הם לומדים עברית בירושלים.
ד. אנחנו לא לומדות הסטוריה.
ה. אתם סטודנטים. אתם לומדים הסטוריה.

2. כתוב ברבים

Schreibe in Schreibschrift im Plural:

1. היא לומדת אנגלית בלונדון. ____________________
2. דניאל לומד עברית בירושלים. ____________________
3. איפה את לומדת? ____________________
4. אני לא לומד גרמנית. ____________________

3. שיחה בזוגות

Gespräch zu zweit:

1. מי אתה? / 2. אתה מגרמניה? / 3. מה אתה עושה? / 4. איפה את עובדת? /
5. איפה את לומדת? / 6. מה את אוכלת? / 7. מה אתה שותה?

⇨ *IVRIT BEKEF Seite 28*

4. הקשב לפסקול 9 והתאם את התשובות לשאלות בסדר הנכון.

Höre Track 9.
Ordne die Antworten den Fragen zu und finde die richtige Reihenfolge:

Dialog 1

1. - איפה? פה בתל אביב?	א. - טוב, תודה.
2. - היי רינה, מה נשמע?	ב. - כן, במשרד ארכיטקטים.
3. - מה את עושה עכשיו? את לומדת?	ג. - לא, אני עובדת.

Dialog 2

1. אתה לומד פה?	א. - כלום!
2. היי עוזי, מה נשמע?	ב. לא רע, תודה.
3. אז מה אתה עושה פה?	ג. - לא.
4. מה אתה עושה פה? אתה עובד פה?	ד. - לא.

⇨ *IVRIT BEKEF Ende Lektion 3*

5. מה לא שייך?

Welches Wort passt nicht in die Reihe?

1. סליחה / תודה / משרד / בבקשה
2. רוצות / עושות / לומדות / עובד
3. בית / משרד / חדש / אוניברסיטה
4. לחם / עוגה / מיץ תפוזים / בננה
5. עובד / לומדת / עושֶׂה / שותֶה
6. יפה / שָׁם / טוב / רע
7. איפה / מי / אז / מה
8. בְּ... / מי / מִ... / וְ...
9. בתים / עובדים / לומדים / עושים

6. תרגם את המשפטים וכתוב אותם בכתב יד:

Übersetze und schreibe in Schreibschrift:

1. Er lernt Hebräisch in Jerusalem.

---

2. Wo arbeitet ihr?

---

3. Wir sind in Tel Aviv. Wir lernen dort Hebräisch.

---

4. Ilan, was machst du jetzt in Jerusalem?

---

5. Sie arbeitet in einem neuen Büro in Ramat Gan.

---

6. Was machst du jetzt? – Nichts!

---

7. Heute trinke ich (nicht) keinen Kaffee.

---

8. Möchtest du Tee mit Zitrone?

Lösungen 3 פתרונות

.1

1 - ג, 2 - ד, 3 - א, 4 - ה, 5 - ב

.2

1. הן לומדות אנגלית בלונדון. 2. דניאל ואילן לומדים עברית בירושלים. 3. איפה אתן לומדות? 4. אנחנו לא לומדים גרמנית.

.4

1. 2 - א - 3 - ג - 1 - ב   2. 2 - ב - 4 - ג - 1 - ד - 3 - א

.5

1. משרד 2. עובד 3. חדש 4. מיץ תפוזים 5. לומדת 6. שם 7. אז 8. מי 9. בתים

.6

1. הוא לומד עברית בירושלים. 2. איפה אתם עובדים? 3. אנחנו בתל אביב. אנחנו לומדים שם עברית. 4. אילן, מה אתה עושה עכשיו בירושלים? 5. היא עובדת במשרד חדש ברמת גן. 6. מה אתה עושה עכשיו? - כלום! 7. היום אני לא שותה קפה. 8. אתה רוצה תה עם לימון?

1. הוא לומד עברית בירושלים. 2. איפה אתם עובדים? 3. אנחנו בתל אביב. אנחנו לומדים שם עברית. 4. אילן, מה אתה עושה עכשיו בירושלים? 5. היא עובדת במשרד חדש ברמת גן. 6. מה אתה עושה עכשיו? - כלום! 7. היום אני לא שותה קפה. 8. אתה רוצה תה עם לימון?

Lektion 4 שיעור

⇨ IVRIT BEKEF Seite 34

1. כתוב עם ה' הידיעה

Ergänze die Sätze mit dem bestimmten Artikel:

1. זאת בננה. *הבננה* מישראל.
2. אלה סטודנטים. .... לומדים באוניברסיטה.
3. זה אבוקדו. .... מדרום אמריקה.
4. אלה לימונים. .... גם מישראל.
5. זה דני. .... לומד עברית.
6. בירה מגרמניה. ....
7. לחם מחנות. ....

⇨ IVRIT BEKEF Seite 36

2. כתוב עם ה' הידיעה

Schreibe die Sätze mit dem bestimmten Artikel:

1. מוֹרָה טובה — *המורה הטובה*
2. סטודנט חדש וטוב — ____________
3. דני עובד במשרד חדש בתל אביב. — ____________
4. אנחנו עושים יוגה בְּפארק. — ____________
5. סטודנט חדש עובד בְּמשרד. — ____________
6. מוֹרֶה לעברית מאוניברסיטה. — ____________

3. הקשב לפסקול 12 ובחר את התשובה המתאימה:

Höre Track 12. Finde die richtige Antwort:

1. מה מיקי עושה? — א. מיקי לומד / ב. מיקי עובד / ג. מיקי לא עושה כלום
2. מיקי עובד: — א. בתל אביב / ב. בחיפה / ג. בירושלים
3. מיקי עובד: — א. במשרד / ב. בסופרמרט / ג. בבית
4. איפה דניאלה? — א. בבית / ב. בפארק / ג. במשרד
5. מה דניאלה עושה? — א. היא עושה ספורט / ב. היא עובדת / ג. היא לומדת

⇨ IVRIT BEKEF Ende Lektion 4

4. הקשב לפסקול 14 וענה על השאלות:

Höre Track 14. Beantworte die Fragen:

1. מה דניאלה עושה בפארק? ____________________
2. מה היא לומדת? ____________________
3. מאין הקלמנטינות והאננס? ____________________
4. השוקולד גם מהסופרמרקט? ____________________
5. מה אורי ודניאלה עושים? ____________________

5. תרגם את המשפטים וכתוב אותם בכתב יד:

Übersetze und schreibe in Schreibschrift:

1. Die Bananen sind aus dem neuen Geschäft.

2. Das Bier ist aus Deutschland und die Pizza ist aus Italien.

3. Wir arbeiten im neuen Büro in Tel Aviv.

4. Das ist eine neue Studentin. Sie ist aus Peru.

5. Die neue Studentin studiert (lernt) Biologie in Jerusalem.

6. Bist du (f.) von hier? – Ja, und du (m.)?

7. Das ist das Telefon von Danny oder von Uri?

8. Trinkst du (m.) Kaffee mit Zucker?

9. Sie (f.) essen Schokoladenkuchen und trinken Tee.

6. מצא את המילים הבאות:

Finde die folgenden Wörter (waagerecht und senkrecht):

Mond, Zucker, hier ist, vielen Dank, Geschäft, woher?, auf Wiedersehen, Ägypten, USA, China, Russland, oder, jetzt, wo, wer, was, aber

ל	ב	א	ל	ד	ה	פ	י	א	ש	ל
ד	ץ	י	מ	ש	ן	י	ס	ל	ם	ה
ם	מ	צ	א	ע	ף	ה	ו	ן	ש	ת
ג	ה	נ	י	ה	ד	ט	כ	ב	ד	ר
ש	ב	ד	ן	ז	פ	ח	ר	י	ז	א
ס	ע	א	נ	ש	ה	נ	ף	ב	ץ	ו
ף	כ	ן	ה	ב	ר	ו	ה	ד	ו	ת
נ	ש	פ	ו	א	ס	ת	ט	נ	ג	ף
א	י	א	ד	ם	י	ר	צ	מ	צ	א
ש	ו	ז	ו	ה	י	ס	ו	ר	פ	ו
ם	נ	ד	ט	ש	צ	ן	ל	ק	ש	ג
ת	י	ר	ב	ה	ד	ת	ו	צ	ר	א

פתרונות 4 Lösungen

.1

2. הסטודנטים 3. האבוקדו 4. הלימונים 5. דני 6. הבירה מגרמניה 7. הלחם מהחנות

.2

2. הסטודנט החדש והטוב 3. דני עובד במשרד החדש בתל אביב.4. אנחנו עושים יוגה בפארק. 5. הסטודנט החדש עובד במשרד. 6. המורה לעברית מהאוניברסיטה.

.3

1. ב 2. א 3. א 4. ב 5. א

.4

1. היא עושה יוגה ולומדת. 2. הסטוריה 3. מהסופרמרקט 4. לא. השוקולד מהקיוסק.

5. הם עושים פיקניק.

.5

1. הבנות מהחנות החדשה. 2. הבירה מגרמניה והפיצה מאיטליה. 3. אנחנו עובדים במשרד החדש בתל אביב. 4. זאת סטודנטית חדשה. היא מפרו. 5. הסטודנטית החדשה לומדת ביולוגיה בירושלים. 6. את מפה? - כן, ואתה? 7. זה הטלפון של דני או של אורי? 8. אתה שותה קפה עם סוכר? 9. הן אוכלות עוגת שוקולד ושותות תה.

1. הבננות מהחנות החדשה. 2. הבירה מגרמניה והפיצה מאיטליה. 3. אנחנו עובדים במשרד החדש בתל אביב. 4. זאת סטודנטית חדשה. היא מפרו. 5. הסטודנטית החדשה לומדת ביולוגיה בירושלים. 6. את מפה? - כן, ואתה? 7. זה הטלפון של דני או של אורי? 8. אתה שותה קפה עם סוכר? 9. הן אוכלות עוגת שוקולד ושותות תה.

.6

ל	ב	א			ה	פ	י	א		ל
		י	מ		ן	י	ס			ה
	מ		א							ת
	ה	נ	י	ה						ר
			ן			ח	ר	י		א
	ע					נ				ו
	כ		ה	ב	ר	ו	ה	ד	ו	ת
	ש		ו	א		ת				
	י			ם	י	ר	צ	מ		
	ו			ה	י	ס	ו	ר		
ת	י	ר	ב	ה		ת	ו	צ	ר	א

Lektion 5 שיעור

➪ *IVRIT BEKEF Seite 41*

1. הקשב וקרא פסקול 15 ומלא את המילים החסרות:

Höre und lies Track 15. Vervollständige den Lückentext:

איפה אתה גר?

- שלום נוֹעַם, מה נשמע? אתה לא בקיבוץ?
- לא, אני .... עכשיו בתל אביב ולומד היסטוריה באוניברסיטה.

- הי נוֹעָה! מה את .... פה? את גרה פה?
- כן, אני .... ברחוב גוֹרְדוֹן מספר שלוש.
- גם אני גרה ברחוב גוֹרְדוֹן! במספר ....

- הי מוֹמוֹ ודוּדוּ! איפה .... עכשיו?
- .... גרים בנְיוּ יוֹרְק.
- בניו יורק? מה אתם .... שם?
- אנחנו .... שם אנגלית.

➪ *IVRIT BEKEF Seite 43*

Schreibe im Plural:

2. כתוב ברבים:

1. ספר ____________
2. יום ____________
3. עוגה ____________
4. מלון ____________
5. בית ____________
6. משפחה ____________
7. חדר ____________
8. רחוב ____________
9. מספר ____________
10. חנות ____________

3. מצא את השגיאה

Finde die Fehler in den folgenden Sätzen:

1. אני טס בלונדון.
2. הוא באה מהבית.
3. הם גרים מהקיבוץ.
4. היא עובדת לְמשרד החדש.
5. הם עובדים בַּמשרד חדש.
6. זאת דירה היפה.
7. מה אתה עושה לשם?
8. אורי ודני טס לירושלים.
9. הם גרים לניו יורק.
10. היא עובדת במלון גדולה.

4. ב... ל... או אצל?

„be...", „le..." oder „etzel"?

5

1. .... יוּנִי הוא טס ....תל אביב וגר שם ....חברים.
2. .... ניו יורק אנחנו גרים .... מלון גדול על יד הסֶנטרַל פארק.
3. איפה אתם גרים .... תל אביב?
4. היא לומדת .... אוניברסיטה .... ירושלים וגרה שם .... משפחה.
5. אנחנו טסים .... טוקיו וגרים שם .... חברים טובים.
6. - אתם גרים .... מלון קטן על יד הים? - איזה יופי!
7. - איפה גר יוסי? - .... תל אביב על יד הים.
8. -לאן אתם טסים? - .... לונדון.

➪ *IVRIT BEKEF Seite 45*

5. הפוך מיחיד לרבים או ההפך:

Setze die Singularformen in den Plural oder umgekehrt:

1. זה כיסא יפה מהחנות החדשה ברחוב אַלֶנְבִּי.

....

2. המחברת על יד הספר. ....

3. הכיסא החדש על יד השולחן. ....

4. הם טסים לדרום אמריקה והם גרים שם במלונות קטנים.

....

5. אנחנו גרות בדירות חדשות וקטנות. ....

6. את גרה אצל משפחה בבית גדול. ....

7. זה מלון קטן. ....

5

6. השלם את המשפטים:

Vervollständige die Sätze:

1. מימי ולילי טסות ....

2. שם הן גרות ....

3. איפה את ....

4. מה הוא ....

5. לאן ....

6. הם גרים עכשיו ....

7. הכיסא על יד ....

8. המחברת ....

⇨ *IVRIT BEKEF Seite 46*

7. כתבו משפטים עם המילים משלושת הטורים:

Schreibe Sätze mit den Wörtern aus den drei Spalten:

דוגמה: אין הרבה ילדים בהמבורג.

	ילדים	במסעדה	1.
יש	לחם	בבית	2.
	אנשים	בכיתה	3.
אין	קפה	בסופרמרקט	4.
	תלמידים	בהמבורג	5.
	עוגה	בחנות	6.
	סטודנטים	בבית קפה	7.
	מורים	במלון	8.
	בירה	באוניברסיטה	

8. מה יש שם?

Wo gibt es was?

1. יש שם ים
2. אין שם הרבה שמש
3. יש שם בתים
4. יש שם כסאות ושולחנות
5. יש שם הרבה סטודנטים
6. יש שם קפה, יין, לחם
7. יש שם מלונות גדולים

א. אוניברסיטה
ב. מיורקה
ג. רחוב
ד. כיתה
ה. סופרמרקט
ו. תל אביב
ז. המבורג

⇨ *IVRIT BEKEF Ende Lektion 5*

9. תרגם את המשפטים וכתוב אותם בכתב יד:

Übersetze und schreibe in Schreibschrift:

1.Was machst du (m.)? – Ich arbeite in einem neuen Büro.

2. Wo wohnt ihr (f.)? – Wir wohnen in Ramat Gan.

3. Wohnst du (f.) in Haifa? Ich auch!

4. Sie wohnt mit Dina in einer kleinen Wohnung.

5. Wir (m.) fliegen nach Mallorca und wohnen dort in einem kleinen Hotel.

6. Mimi und Lily fliegen nach Deutschland und wohnen dort bei guten Freunden.

7. Kommst du (f.) aus dem neuen Büro? – Nein, ich komme von zu Hause.

8. Wer kommt heute zum Hebräisch-Unterricht?

9. Ilan, wo bist du jetzt? – Ich bin in Tel Aviv in der Nähe (neben) der Uni.

10. Trinkst du (f.) Granatapfelsaft? - Nein, ich trinke Orangensaft.

11. Es gibt viele große Hotels am (neben) Meer.

12. In Berlin gibt es viele Studenten aus der ganzen Welt.

13. Gibt es in diesem Laden Hefte und Bücher?

5

14. Er lernt den ganzen Tag Hebräisch.

15. Alle Früchte sind frisch.

16. Alle Lehrer in dieser Schule sind gut.

17. Jeden Morgen trinke ich (f.) Kaffee und mache Yoga im Park.

Lösungen 5 פתרונות

1.

Vergleiche mit IVRIT BEKEF Seite 41.

2.

1. ספרים 2. ימים 3. עוגות 4. מלונות 5. בתים 6. משפחות 7. חדרים 8. רחובות
9. מספרים 10. חנויות

3.

1. ללונדון 2. הוא בא 3. בקיבוץ 4. בַּמשרד 5. בְּמשרד 6. יפה 7. שם 8. טסים 9. בניו יורק 10. גדול

4.

1. ב..., ל..., אצל 2. ב..., ב..., ב..., 3. ב... 4. ב..., ב..., אצל 5. ל..., אצל 6. ב... 7. ב... 8. ל...

5.

1. אלה כסאות יפים מהחנויות החדשות ברחוב אלנבי. 2. המחברות על יד הספרים.
3. הכסאות החדשים על יד השולחנות. 4. הוא טס לדרום אמריקה והוא גר שם במלון
קטן. 5. אני גרה בדירה חדשה וקטנה. 6. אתן גרות אצל משפחות בבתים גדולים.
7. אלה מלונות קטנים.

6.

Beispielsätze – es können andere Sätzendungen gefunden werden.

1. ללונדון. 2. במלון יפה. 3. עובדת? 4. עושה פה? 5. אתם טסים? 6. בדירה קטנה על
יד הים. 7. הטלוויזיה. 8. לעברית לא פה.

7.

Beispielsätze – es können andere Sätze gebildet werden.

1. יש לחם בבית? 2. אין הרבה אנשים במלון. 3. בסופרמרקט אין עוגות טובות.
4. באוניברסיטה יש הרבה סטודנטים מגרמניה. 5. יש תלמידים ותלמידות בכיתה.
6. בבית קפה יש קפה, תה ועוגות טובות. 7. למה אין ילדים בכיתה? 8. אין בירה
בבית אבל בחנות יש.

8.

1 - ו, 2 - ז, 3 - ג, 4 - ד, 5 - א, 6 - ה, 7 - ב

9.

1. מה אתה עושֶׂה? - אני עובד בְּמשרד חדש. 2. איפה אתן גרות? - אנחנו גרות

ברמת גן. 3. את גרה בחיפה? גם אני! 4. היא גרה עם דינה בדירה קטנה.
5. אנחנו טסים למיורקה וגרים שם במלון קטן. 6. מימי ולילי טסות לגרמניה וגרות שם
אצל חברים טובים. 7. את באה מהמשרד החדש? - לא, אני באה מהבית. 8. מי בא
היום לשיעור עברית? 9. אילן, איפה אתה עכשיו? - אני בתל אביב על יד האוניברסיטה.
10. את שותָה מיץ רימון? - לא, אני שותה מיץ תפוזים. 11. יש הרבה מלונות גדולים על
יד הים. 12. בברלין יש הרבה סטודנטים מכל העולם. 13. יש בחנות הזאת מחברות
וספרים? 14. הוא לומד כל היום עברית. 15. כל הפירות טריים. 16. כל המורים בבית
הספר הזה טובים.17. כל בוקר אני שותָה קפה ועושָׂה יוגה בפארק.

1. מה אתה עושֶׂה? - אני עובד בְּמשרד חדש. 2. איפה אתן גרות? - אנחנו גרות ברמת גן. 3. את גרה בחיפה? גם אני! 4. היא גרה עם דינה בדירה קטנה. 5. אנחנו טסים למיורקה וגרים שם במלון קטן. 6. מימי ולילי טסות לגרמניה וגרות שם אצל חברים טובים. 7. את באה מהמשרד החדש? - לא, אני באה מהבית. 8. מי בא היום לשיעור עברית? 9. אילן, איפה אתה עכשיו? - אני בתל אביב על יד האוניברסיטה. 10. את שותָה מיץ רימון? - לא, אני שותה מיץ תפוזים. 11. יש הרבה מלונות גדולים על יד הים. 12. בברלין יש הרבה סטודנטים מכל העולם. 13. יש בחנות הזאת מחברות וספרים? 14. הוא לומד כל היום עברית. 15. כל הפירות טריים. 16. כל המורים בבית הספר הזה טובים. 17. כל בוקר אני שותָה קפה ועושָׂה יוגה בפארק.

Lektion 6 שיעור

⇨ *IVRIT BEKEF Seite 55*

1. הקשב לפסקול 20. מה אימא אומרת לניני? השלם את השיחה:

Höre Track 20. Was sagt Mama zu Nini? Wähle die passende Antwort:

ניני: אימא, למה הילד בוכה?

אימא: ______________________________

ניני: למה הוא עצוב?

אימא: ______________________________

ניני: אימא, למה אבא במשרד?

אימא: ______________________________

ניני: ולמה דוּדוּ בבית ספר?

אימא: ______________________________

ניני: ולמה אני לא בבית ספר?

אימא: ______________________________

ניני: אימא, למה יש מים בים? ולמה אנחנו לא גרים על הירח?
ולמה אין שמש בבית?

Mamas Antworten: **אימא אומרת:**

1. כי הוא עובד. / 2. כי הוא עצוב. / 3. כי הוא לומד. /

4. כי את עוד קטנה, חמודה. / 5. אני לא יודעת.

⇨ *IVRIT BEKEF Seite 56*

2. כתוב משפטים לפי הדוגמא:

Schreibe die Sätze entsprechend des Beispiels.
Die Sprachen sind unten aufgelistet.

1. הוא מסין. הוא יודע סינית

2. היא מגרמניה. היא יודעת גרמנית.

3. אנחנו מלונדון.

4. הם מרומניה.

5. אתם מרוסיה.

6. את מאיטליה.

7. אתה מניו יורק.

8. מַרְיָה ממדריד.

9. אני מהמבורג.

10. הן מפריז.

גרמנית / אנגלית / איטלקית / רומנית / צרפתית / ספרדית / רוסית

3. לכתוב או לקרוא?

Lesen oder schreiben?
Setze das passende Verb ein:

1. אבא .... עִיתוֹן[1] כל בוקר.

2. דניאלה לומדת הסטוריה ו.................... הרבה ספרים.

3. אני .... מֵייל[2] לדינה.

4. היא .... למיכאל על הדירה החדשה בתל אביב.

5. הוא .... בעיתון על המוזיאון החדש ברמת גן.

⇨ *IVRIT BEKEF Seite 58*

4. כתוב את המשפטים מיחיד לרבים ולהפך

Schreibe die Sätze um: vom Singular zum Plural und umgekehrt.

1. איפה אתה גר?

איפה אתם גרים?

2. הוא לא לומד ולא עובד.

3. מה את עושה פה?

4. הן אוכלות פָלָאפֶל.

5. הוא קורא ספר בעברית.

6. היא כותבת ספר על החיים ברוסיה.

7. מה אתם רוצים?

8. אנחנו גרות בדירה גדולה.

9. היא לא קוראת ספרים בגרמנית.

10. אנחנו לא יודעים איפה דָנָה.

11. הם לומדים לקרוא ולכתוב עברית.

6

➪ *IVRIT BEKEF Seite 59*

Schreibe das Verb im Infinitiv:

5. כתוב את שם הפועל :

1. דויד, אתה לא **קורא** בספר? בבקשה לקרוא!
2. מימי, את לא **עושה** שיעורי בית? בבקשה .... !
3. אתם לא **לומדים** מילים חדשות? בבקשה .... !
4. למה אתם לא **עושים** תרגיל 5? בבקשה .... !
5. אבא, למה אתה לא **בא** הביתה? בבקשה .... !

➪ *IVRIT BEKEF Seite 60*

Schreibe die folgende Zahl aus:

6. כתוב את המספר הבא:

1. שלוש ארבע
2. חמש ....
3. אחת ....
4. שבע ....
5. אפס ....
6. שתיים ....
7. שש ....
8. תשע ....
9. שמונה ....
10. ארבע ....

Schreibe die fehlende Zahl aus:

7. כתוב את המספר החסר:

1. חמש, שש, שבע
2. שתיים, ..., ארבע
3. חמש, ..., שבע
4. אפס, ..., שתיים
5. שמונה, ..., עשר
6. אחת, ..., שלוש
7. שש, ..., שמונה
8. ארבע, ..., שש
9. שלוש, ..., חמש
10. שבע, ..., תשע

6

Rechne und schreibe das Ergebnis aus: **8. כתוב את התוצאה במילים:**

1. אחת וְעוֹד[3] אחת שָׁוֶוה[4] *שתיים.*
2. שמונה פחוֹת[5] שלוש שווה ....
3. אפס ועוד חמש שווה ....
4. תשע ועוד אחת שווה ....
5. עשר פחות ארבע שווה ....
6. חמש ועוד שתיים שווה ....
7. שבע ועוד שלוש שווה ....
8. שש פחות שלוש שווה ....
9. שש ועוד אפס שווה ....
10. שמונה פחות חמש שווה ....

6

⇨ *IVRIT BEKEF Ende Lektion 6*

9. הקשב לפסקול 25 ובחר בתשובה הנכונה:

Höre Track 25. Markiere die richtige Antwort:

בחנות או בבית קפה?

1. דניאלה גרה — ברחוב הירקון / ברחוב דיזנגוף / ברחוב פרישמן
2. בדירה של דניאלה אין — כיסאות / טלויזיה / טלפון
3. ברחוב אַלֶנבִּי יש — קיוסק מיץ / חנות רהיטים / בית ספר
4. דניאלה ואורי יושבים — בחנות רהיטים / בבית קפה / בדירה של אורי

10. מלא את החסר:

Höre und lies Track 25. Vervollständige den Text:

בחנות או בבית קפה?

דניאלה: הי אורי! מה אתה .... פה?

אורי: אני .... פה, ברחוב פְרִישְׁמַן. ואת?

דניאלה: אני גרה ברחוב הַיַרְקוֹן .... גוֹרְדוֹן.

אורי: זאת דירה יפה?

דניאלה: כן, אבל .... בדירה כיסאות.

אורי: זה לא טוב! על מה את ....

דניאלה: אני יושבת על ה"דָלֶת"!

אני רוצה כיסא חדש, אתה יודע איפה .... חנות רהיטים?

אורי: כן, באלנבי יש חנות .... יש שם גם שולחנות.

אתְ רוצה גם שולחן ....?

דניאלה: מצוין! כן, אני .... שולחן חדש וכיסאות חדשים.

אתה בא?

אורי: בטח!

דניאלה: אורי, כאן יש בית קפה חדש! פה יש .... כיסאות,

.... שולחנות וגם קפה! אתה רוצה קפה?

עכשיו דניאלה ואורי לא בחנות רהיטים. הם ....

בבית קפה ועושים חיים.

6

11. תרגם את המשפטים וכתוב אותם בכתב יד:

Übersetze und schreibe in Schreibschrift:

1. Jonatan, warum bist du traurig? – Weil ich nicht neben Avivit sitze.

____

2. Dudu weint, weil Mama nicht zu Hause ist.

____

3. Dana, weißt du, warum es heute keinen Unterricht gibt?

____

4. Michael weiß alles, weil er viele Bücher liest.

____

5. Rina schreibt ein Buch über das Leben in Berlin heute.

____

6. Wir (m.) sitzen in der Klasse, aber die Lehrerin ist noch nicht hier.

____

7. Wir (f.) lesen ein Buch über Südafrika, weil wir hin fliegen.

____

8. Die Kinder weinen, weil es keinen Kuchen gibt.

____

9. Schreibt (schreiben) bitte in den Heften!

____

12. כתוב את הפעלים החסרים:

Vervollständige die Tabelle mit den passenden Verbformen:

שם הפועל Infinitiv	אני אתה הוא	אני את היא	אנחנו אתם הם	אנחנו אתן הן
ללמוד	לומד	לומדת	לומדים	לומדות
		עובדת		
לאכול			אוכלים	
	קורא			
				כותבות
לשבת		יושבת		
	יודע			
	רוצֶה			
		שותָה		
לעשות				עושות
	בוכֶה			
לגור			גרים	
		טסה		
	בא			באות

Lösungen 6 פתרונות

.1

2, 5, 1, 3, 4

.2

3. אנחנו יודעים אנגלית 4. הם יודעים רומנית 5. אתם יודעים רוסית 6. את יודעת איטלקית 7. אתה יודע אנגלית 8. מריה יודעת ספרדית 9. אני יודעת גרמנית 10. הן יודעות צרפתית

.3

1. קורא 2. קוראת 3. כותב / כותבת 4. כותבת 5. קורא

.4

2. הם לא לומדים ולא עובדים. 3. מה אתם עושים פה? 4. היא אוכלת פלאפל. 5. הם קוראים ספר בעברית. 6. הן כותבות ספר על החיים ברוסיה. 7. מה אתה רוצה? 8. אני גרה בדירה גדולה. 9. הן לא קוראות ספרים בגרמנית. 10. אני לא יודע איפה דנה. 11. הוא לומד לקרוא ולכתוב עברית.

.5

2. לעשות 3. ללמוד 4. לעשות 5. לבוא

.6

2. שש 3. שתיים 4. שמונה 5. אחת 6. שלוש 7. שבע 8. עשר 9. תשע 10. חמש

.7

2. שלוש 3. שש 4. אחת 5. תשע 6. שתיים 7. שבע 8. חמש 9. ארבע 10. שמונה

.8

2. חמש 3. חמש 4. עשר 5. שש 6. שבע 7. עשר 8. שלוש 9. שש 10. שלוש

.9

1. ברחוב הירקון 2. כיסאות 3. חנות רהיטים 4. בבית קפה

.10

Vergleiche mit IVRIT BEKEF Seite 61.

.11

1. יונתן, למה אתה עצוב? - כי אני לא יושב על יד אביבית. 2. דודו בוכה כי אימא לא בבית. 3. דנה, את יודעת למה אין שיעור היום? 4. מיכאל יודע הכל כי הוא קורא

הרבה ספרים. 5. רינה כותבת ספר על החיים בברלין היום. 6. אנחנו יושבים בכיתה אבל המורה עוד לא פה. 7. אנחנו קוראים ספר על דרום אפריקה כי אנחנו טסים לשם. 8. הילדים בוכים כי אין עוגה. 9. בבקשה לכתוב במחברות!

1. יונתן, למה אתה עצוב? - כי אני לא יושב על יד אביבית. 2. דודו בוכה כי אימא לא בבית. 3. דנה, את יודעת למה אין שיעור היום? 4. מיכאל יודע הכל כי הוא קורא הרבה ספרים. 5. רינה כותבת ספר על החיים בברלין היום. 6. אנחנו יושבים בכיתה אבל המורה עוד לא פה. 7. אנחנו קוראים ספר על דרום אפריקה כי אנחנו טסים לשם. 8. הילדים בוכים כי אין עוגה. 9. בבקשה לכתוב במחברות!

12.

ללמוד	לומד	לומדת	לומדים	לומדות
לעבוד	עובד	עובדת	עובדים	עובדות
לאכול	אוכל	אוכלת	אוכלים	אוכלות
לקרוא	קורא	קוראת	קוראים	קוראות
לכתוב	כותב	כותבת	כותבים	כותבות
לשבת	יושב	יושבת	יושבים	יושבות
לדעת	יודע	יודעת	יודעים	יודעות
לרצות	רוצֶה	רוצָה	רוצים	רוצות
לשתות	שותֶה	שותָה	שותים	שותות
לעשות	עושֶׂה	עושָׂה	עושים	עושות
לבכות	בוכֶה	בוכָה	בוכים	בוכות
לגור	גר	גרה	גרים	גרות
לטוס	טס	טסה	טסים	טסות
לבוא	בא	באה	באים	באות

⇨ *IVRIT BEKEF Seite 64*

1. הקשב וקרא פסקול 26 ומלא את המילים החסרות:

Höre und lies Track 26. Setze die fehlenden Wörter ein:

לאן הולכים?

- היי נִירָה, מה את עושה הערב?
- אני הולכת .... קולנוע.
- ....קולנוע? וואו! ....?
- באוניברסיטה, את באה?
- בטח! ....שמונה?
- בסדר, ...שמונה באוניברסיטה, ביי.

- לאן אתה הולך?
- ....ביתה.
- אתה לא הולך ....מסיבה של תָמִי?
- לא, אני עייף.

- נִיר ונִירָה, ... אתם הולכים?
- לסרט.
- ....קולנוע צפון?
- לא, ...אוניברסיטה, אתם באים?
- לא, אנחנו הולכים ....מסיבה של תָמִי.

- .... הוא הולך?
- ללמוד תורה.

- .... אתה הולך?
- לשיעור עברית, ואתה?
- לים!

- .... אתם הולכים?
- למסיבה של תָמִי.
- גם אני!

- לאן את הולכת?
- ....בית קפה.

- .... הוא הולך?
- אני לא יודע!

הוא הולך לאוניברסיטה
ואני הולכת ....משרד.

- לאן את הולכת?
- ....דִינָה.

➪ *IVRIT BEKEF Seite 65*

2. התאם את התשובות לשאלות המתאימות:

Ordne die Antworten den passenden Fragen zu:

1. לאן הם הולכים?	א. אני לומדת עברית בירושלים.
2. איפה את לומדת עברית?	ב. הוא מגרמניה.
3. מאין אתם באים?	ג. אנחנו טסים לישראל.
4. מאין הוא?	ד. אנחנו באים מהמסיבה של תמי.
5. איפה אתם הערב?	ה. אנחנו בבית.
6. לאן אתם טסים?	ו. הם הולכים לים.

➪ *IVRIT BEKEF Seite 68*

3. מה לילי לא רוצה לעשות?

Was will Lilly nicht machen?

7

מימי גרה בתל אביב. היא הולכת כל יום לים. שם היא יושבת, קוראת ספר וגם לומדת גרמנית. היא עושה שיעורי בית וכותבת מילים חדשות במחברת. היא אוכלת חומוס בפיתה, שותה קפה וחוזרת הביתה.

לילי לא רוצה לגור בתל אביב ....

....

....

....

....

....

4. הַבַּיִת, בַּבַּיִת, לַבַּיִת, או הַבַּיְתָה?

„habajit“, „babajit“, „labajit“ oder „habajta“?

1. זה .... של אילן.

2. - איפה דניאל? - דניאל ....

3. - לאן מימי ולילי הולכות?

- לילי הולכת .... של אילן.

- מימי הולכת ....

⇨ *IVRIT BEKEF Seite 69*

5. כמה? כתוב את המספרים:

Wie viel? Schreibe die Zahlen aus:

א. מה אתם רוצים לאכול[6] ולשתות במסיבה?

1. (7) ....פיצות עם עגבניות[7] ו-(2) .... פיצות עם זיתים[8].

2. (8) .... לחמניות עם גבינה[9] ו-(6) .... לחמניות[10] עם טונה.

3. (5) .... בננות.

4. (3) .... קלמנטינות.

5. (10) .... בירות.

6. (1) קוקה קולה ....

ב. מי בא למסיבה?

1. (8) ....תלמידות, 2. (3) .... סטודנטיות, 3. (2) .... חברות,

4. (9) .... ילדות, 5. (10) ....דודות[11], 6. (5) .... אימהות,

7. (6) ....תיירות[12], 8. (7) .... פקידות, 9. (2) ....טכנאיות

10. (1) משפחה ....

7

ג. כמה אתה רוצה?

1. - כמה בננות אתה רוצה? חמש או שש? - *שש.*
2. - כמה פיצות את אוכלת? שלוש או שתיים? - ....
3. - כמה עוגות יש בבית? אחת או שתיים? - ....
4. - כמה תלמידות יש בכיתה? שבע או שמונה? - ....
5. - כמה מחברות על השולחן? תשע או עשר? - ....

⇨ *IVRIT BEKEF Seite 71*

6. מה דני אוהב? הוסף "את" אם צריך:

Was mag Danny? Setze „'et“ , wenn es nötig ist:

1. דני אוהב לקרוא .... ספרים.
2. דני אוהב .... הספרים של עמוס עוז.
3. דני אוהב לשתות .... קפה.
4. דני אוהב .... המוזיקה של מוצארט.
5. דני לא אוהב .... בירה.
6. דני אוהב .... דינה.

7

⇨ *IVRIT BEKEF Seite 74*

7. כתוב את שם הפועל:

Vervollständige die Sätze mit dem Infinitiv:

1. אנחנו אוהבים *לטייל* . כל קייץ אנחנו **מטיילים** במקום יפה.
2. המורה **מדברת** גרמנית אבל היא רוצה .... רק עברית.
3. - אתם לא **מבקרים** בחיפה? - אנחנו רוצים .... שם.
4. הוא **מטייל** בכל העולם, רק בסין הוא לא רוצה ....

5. - אני **לומד** עכשיו עברית. אולי אתה רוצה .... ביחד?

6. לילי ומימי **מטיילות** כל שבת. הן אוהבות .... בצפון.

7. - אימא, מתי אבא **חוזר** הביתה? - הוא רוצה .... בערב.

8. דני הקטן **מדבר** עם כל אחד ברחוב. הוא אוהב .... עם אנשים.

9. - דניאלה, את **באה** לים? - אני רוצה .... אבל אני לא יכולה.

10. - אתה רוצה .... לאילת? - רעיון מצויין, אבל אני **טס** למיורקה.

⇨ *IVRIT BEKEF Ende Lektion 7*

8. הקשב וקרא פסקול 31 וענה על השאלות:

Höre und lies Track 31. Beantworte die Fragen:

1. מתי אורי רוצה לעשות טיול? ....

2. לאן הוא רוצה לטוס? ....

3. דניאלה אוהבת לטייל? ....

4. למה היא לא יכולה לטוס עם אורי לאילת? ....

5. מה היא עוד צריכה לעשות בחופש פסח? ....

6. איפה הם יכולים לבקר בירושלים? ....

7. הם עושים טיול או לא עושים? ....

7

9. תרגם את המשפטים וכתוב אותם בכתב יד:

Übersetze und schreibe in Schreibschrift:

1. Ich (m.) mag Kuchen, aber diesen Kuchen mag ich nicht.

2. Wir (m.) lernen die neuen Vokabeln.

3. Daniela liebt die Filme mit Charly Chaplin.

4. Er schreibt die neuen Vokabeln ins Heft.

5. Er liest nicht viele Bücher. Aber er liest alle Bücher von Harry Potter.

6. Danny liebt Dina, aber Dina liebt Doron.

7. Wir (f.) mögen kleine Straßen.

8. Ich (f.) liebe dieses Haus.

9. Sprichst du (f.) Hebräisch? – Nur ein bisschen.

10. Morgen gibt es einen Ausflug nach Jerusalem, kommst du (f.) (mit)?

11. Schade, ich kann nicht kommen, weil ich (f.) krank bin.

12. Er kann nicht nach Mallorca fliegen, weil er arbeiten muss.

13. Daniela ist krank und muss zum Arzt gehen.

14. Wir (m.) wollen zusammen einen Ausflug in den Norden machen (reisen).

15. Das ist eine sehr gute Idee!

16. Daniela möchte Daniel im Krankenhaus besuchen.

17. Viele Leute besuchen die Klagemauer in Jerusalem.

18. Am Schabbat machen wir (m.) einen Ausflug und besuchen schöne Orte.

Lösungen 7 פתרונות

.1

Vergleiche mit IVRIT BEKEF Seite 64.

.2

1 - ו, 3 - ד, 4 - ב, 5 - ה, 6 - ג

.3

לילי לא רוצה לגור בתל אביב. היא לא רוצה ללכת כל יום לים. היא לא רוצה לשבת שם, לקרוא ספר וגם ללמוד גרמנית.היא לא רוצה לעשות שיעורי בית ולכתוב מילים חדשות במחברת. היא לא רוצה לאכול חומוס בפיתה, לשתות קפה ולחזור הביתה.

.4

1. הבית 2. בבית 3. לבית, הביתה

.5 א.

1. שבע, שתי 2. שמונה, שש 3. חמש 4. שלוש 5. עשר 6. אחת

.5 ב.

1. שמונה 2. שלוש 3. שתי 4. תשע 5. עשר 6. חמש 7. שש 8. שבע 9. שתי 10. אחת

.5 ג.

2. שלוש 3. שתיים 4. שבע 5. תשע

.6

1. ספרים 2. את הספרים של עמוס עוז 3. קפה 4. את המוזיקה של מוצארט 5. בירה 6. את דינה

.7

2. לדבר 3. לבקר 4. לטייל 5. ללמוד 6. לטייל 7. לחזור 8. לדבר 9. לבוא 10. לטוס

.8

1. בחופש פסח 2. לאילת 3. כן 4. היא צריכה ללמוד הסטוריה. 5. היא צריכה לבקר את מיכאלה בירושלים ולעבוד במשרד. 6. בכותל המערבי, במוזיאון וגם לבקר את מיכאלה. 7. לא עושים.

.9

1. אני אוהב עוגות, אבל את העוגה הזאת אני לא אוהב. 2. אנחנו לומדים את המילים החדשות. 3. דניאלה אוהבת את הסרטים עם צ'ארלי צ'פלין. 4. הוא כותב

את המילים החדשות במחברת. 5. הוא לא קורא הרבה ספרים, אבל הוא קורא את כל הספרים של הארי פוטר. 6. דני אוהב את דינה אבל דינה אוהבת את דורון. 7. אנחנו אוהבות רחובות קטנים. 8. אני אוהבת את הבית הזה. 9. את מדברת עברית? - רק קצת. 10. יש מחר טיול לירושלים, את באה? 11. חבל, אני לא יכולה לבוא כי אני חולה. 12. הוא לא יכול לטוס למיורקה כי הוא צריך לעבוד.
13. דניאלה חולה וצריכה ללכת לרופא. 14. אנחנו רוצים לעשות ביחד טיול לצפון.
15. זה רעיון מצויין! 16. דניאלה רוצה לבקר את דניאל בבית חולים. 17. הרבה אנשים מבקרים בכותל המערבי בירושלים. 18. בשבת אנחנו עושים טיול ומבקרים במקומות יפים.

1. אני אוהב עוגות, אבל את העוגה הזאת אני לא אוהב. 2. אנחנו לומדים את המילים החדשות.
3. דניאלה אוהבת את הסרטים עם צ׳ארלי צ׳פלין. 4. הוא כותב את המילים החדשות במחברת.
5. הוא לא קורא הרבה ספרים, אבל הוא קורא את כל הספרים של הארי פוטר. 6. דני אוהב את דינה אבל דינה אוהבת את דורון. 7. אנחנו אוהבות רחובות קטנים. 8. אני אוהבת את הבית הזה.
9. את מדברת עברית? - רק קצת. 10. יש מחר טיול לירושלים, את באה? 11. חבל, אני לא יכולה לבוא כי אני חולה. 12. הוא לא יכול לטוס למיורקה כי הוא צריך לעבוד. 13. דניאלה חולה וצריכה ללכת לרופא. 14. אנחנו רוצים לעשות ביחד טיול לצפון. 15. זה רעיון מצויין! 16. דניאלה רוצה לבקר את דניאל בבית חולים. 17. הרבה אנשים מבקרים בכותל המערבי בירושלים. 18. בשבת אנחנו עושים טיול ומבקרים במקומות יפים.

Lektion 8 שיעור

⇨ *IVRIT BEKEF Seite 84*

1. זכר או נקבה? כתוב את המספר ושם העצם ברבים:

Männlich oder weiblich? Schreibe das Nomen im Plural und passe die Zahl an:

1. איש (5) חמישה אנשים
2. מסיבה (7) ....
3. עיתון (2) ....
4. לחם (8) ....
5. ספר (1) ....
6. רחוב (3) ....
7. סיגריה (5) ....
8. שקל (4) ....
9. מלון (9) ....
10. שולחן (6) ....
11. מילה (2) ....
12. חנות (1) ....

2. כתוב את המספר:

Schreibe die Zahl aus:

1. בכיתה יש (5) .... תלמידים, (7) .... תלמידות, ומורה (1) ....
2. דני רוצה לקנות (10) .... ספרים ו-(3) .... מחברות.
3. העיתון עולה (2) .... שקלים והעוגה עולה (5) .... שקלים.
4. בננה (1) .... עולה (3) .... שקלים.
5. (3) .... בננות עולות (9) .... שקלים.
6. בדירה יש (6) .... חדרים גדולים.
7. בחדר יש (8) .... כסאות חדשים ושולחן (1) .... לא חדש.
8. בשבוע[13] יש (7) .... ימים.

⇨ *IVRIT BEKEF Seite 85*

3. מי נותן למי מה?

Wer gibt wem was?

Schreibe das Verb „latet" in der richtigen Form und beantworte die Fragen mit der Präposition „le..." in der Deklination:

1. מה אימא נותנת לרותי? היא נותנת לה שתי בננות.
2. מה אימא ואבא .... לאורי? - הם .... הכלי!
3. מה המורֶה .... לך? - הוא .... את הספר החדש.
4. מה את .... למימי ולילי? - אני .... שלוש מחברות.
5. מה אתם .... לחברים? - אנחנו .... גלידה.
6. מה הם .... לכם? - הם .... מתנות יפות.
7. מה המורָה .... לתלמידות? - היא .... שיעורי בית.

4. כתוב את מילת היחס ל... בצורה הנכונה:

Schreibe die Präposition „le..." in der richtigen Form:

1. אבא קונה לדָנָה ספר. הוא גם קונה .... שתי מחברות.
2. יוֹנָתָן כותב לרָחֵל גלויה מדרום אמריקה. הוא כותב .... על הטיול שם.
3. אנחנו אוהבים את המורה לעברית כי היא לא נותנת .... הרבה שיעורי בית.
4. אני אוהבת לשתות תה עם סוכר. את יכולה לתת .... סוכר?

5. כתוב את המשפט בציווי

Schreibe die Sätze im Imperativ:

1. את צריכה לתת לי קפה! תני לי קפה!
2. אתה צריך ללכת הביתה! ....
3. אתן צריכות לבוא לשיעור עברית! ....
4. את צריכה לתת לאימא עוגה! ....
5. אתם צריכים לשבת על הכסאות! ....

8

⇨ *IVRIT BEKEF Seite 87*

6. מה לא מתאים?

Welches Wort passt nicht in die Reihe?

1. לגור / בול / לטוס / לבוא
2. גלויה / גלידה / עיתון / חבילה
3. יקר / מצויין/ מילה / יפה
4. שולח / קונה / רוצה / לכתוב
5. מבקר / מטייל / שולח / מדבר
6. על יד / אצל / עם / קצת
7. רופא / פקיד / ילד / טכנאי
8. מתנה / דואר / מכתב / שיעור
9. למה / מי / מה / כי
10. אומרים / נותנים / חושבים / מכתבים
11. נהדר / יפה / מצויין / רע
12. גלויות / מתנות / שולחנות / גלידות

7. כתוב את השיחות הבאות במשפט אחד בדיבור עקיף:

Gib die Dialoge in einem Satz in indirekter Rede wieder:

1. דינה: דני, אתה יודע למה אין היום שיעור?
דני: אין שיעור כי המורה חולה.
דני אומר לדינה שאין שיעור כי המורה חולה.

2. מוטי: מימי ולילי, לאן אתן הולכות?
מימי ולילי: אנחנו הולכות למסיבה של תמי.
....

3. מורה: מיכאל, איפה כל התלמידים? למה הם לא בכיתה?
מיכאל: אני לא יודע!
....

4. דַנדוּש: אבא, אתה יודע איפה אימא?
אבא: היא עושה יוגה בפארק.
....

8

➪ *IVRIT BEKEF Ende Lektion 8*

8. שבץ את הפעלים המתאימים בצורה הנכונה:

Setzte die passenden Verben in der richtigen Form ein:

לחשוב / לגור / לקנות / לכתוב / לרצות / לאהוב / לשלוח / לטוס / ללכת / לומר

אימא רוצה .... חבילה ליום ההולדת של מיכאל כי הוא .... עכשיו בקיבוץ
בישראל. היא .... לו מתנות. מה היא קונה? היא קונה לו את השוקולד,
שהוא ...., היא קונה לו ספרים בגרמנית והיא גם קונה לו מחברת יפה.
היא .... לו מכתב. היא כותבת לו שהיא עצובה שהיא לא יכולה ....
לישראל. היא כותבת לו שבהמבורג קר ואין שמש.
היא כותבת לו "מזל טוב, באהבה, אימא".
עכשיו היא הולכת לדואר ואומרת לפקיד, שהיא .... לשלוח את החבילה בדואר
אויר לישראל. הפקיד .... לה, שזה מאד יקר ואולי היא רוצה לשלוח בדואר ים.
"לא" היא אומרת לפקיד, "זאת חבילה ליום ההולדת של הבן, שגר עכשיו בקיבוץ
בישראל". בבקשה לשלוח את החבילה בדואר אויר. "בבקשה, גברת, איך שאת רוצה"
אומר הפקיד.
אימא .... הביתה והיא קצת עצובה שהיא לא ביחד עם מיכאל.
אבל היא .... שהוא עושה חיים בקיבוץ, שהוא שמח ושטוב לו.

9. כתוב את שם הפועל:

Setze den Infinitiv ein:

1. - יוּבָל, למה אתה לא **אומר** לי איפה דינה? - כי אני לא רוצה .... לך.
2. - מה את **חושבת** על הסרט? - אני לא יודעת, אני צריכה .... על זה.
3. - למה אתה לא **שולח** את החבילה? - אני לא יכול .... כי הדואר סגור[14].
4. - דַּנדוּש, **תן** לי את הספר! - אני לא רוצה .... לך!

8

10. תרגם את המשפטים וכתוב אותם בכתב יד:

Übersetze und schreibe in Schreibschrift:

1. Wir kaufen fünf Bücher und vier Hefte für (den) Hebräischunterricht.

2. In der Klasse sitzen sechs Schüler, drei Schülerinnen und eine Lehrerin.

3. Wie viel kostet die Zeitung? – Sie kostet fünf Shekel.

4. Fünf Shekel! Das ist teuer!

5. Mama, kaufst du mir ein Eis?

6. Michael gibt Michaela fünf Bananen und einen Kuchen.

7. Ich (f.) schicke euch (m.) eine Postkarte aus Jerusalem.

8. Schreibst du (f.) uns eine Mail?

9. Er möchte ihr etwas kaufen, aber sie möchte nichts.

10. Warum denkst du (m.), dass ich keinen Kuchen möchte?

11. Die Lehrerin gibt uns keine (nicht) Hausaufgaben.

12. Sie sagt uns, dass wir die neuen Vokabeln lernen müssen.

13. Was denkt ihr (f.) über den Film?

14. Ich (f.) denke, dass es ein ausgezeichneter Film ist.

15. Dina schickt Yossi ein Paket. Im Paket gibt es zwei Bücher und Schokolade.

16. Kinder, kommt nach Hause!

17. Warum sitzt ihr (m.) nicht? Setzt euch!

18. Sara und Avraham geben den Kindern alles.

פתרונות 8 Lösungen

.1

2. שבע מסיבות 3. שני עיתונים 4. שמונה לחמים 5. ספר אחד 6. שלושה רחובות 7. חמש סיגריות 8. ארבעה שקלים 9. תשעה מלונות 10. שישה שולחנות 11. שתי מילים 12. חנות אחת

.2

1. חמישה, שבע, אחת 2. עשרה, שלוש 3. שני, חמישה 4. אחת, שלושה 5. שלוש, תשעה 6. שישה 7. שמונה, אחד 8. שבעה

.3

2. נותנים, נותנים לו 3. נותן, נותן לי 4. נותנת, נותנת להן 5. נותנים, נותנים להם 6. נותנים, נותנים לנו 7. נותנת, נותנת להן

.4

1. לה 2. לה 3. לנו 4. לי

.5

2. לך הביתה! 3. בואו לשיעור! 4. תני לאימא עוגה! 5. שבו על הכסאות!

.6

1. בול 2. עיתון 3. מילה 4. לכתוב 5. שולח 6. קצת 7. ילד 8. מתנה 9. כי 10. מכתבים 11. רע 12. שולחנות

.7

2. מימי ולילי אומרות למוטי שהן הולכות למסיבה של תמי. 3. מיכאל אומר למורה שהוא לא יודע איפה כל התלמידים ולמה הם לא בכיתה. 4. אבא אומר לדנדוש שאימא עושה יוגה בפארק.

.8

לשלוח, גר,קונה, אוהב, כותבת, לטוס, רוצה, אומר, הולכת, חושבת

.9

1. לומר 2. לחשוב 3. לשלוח 4. לתת

.10

1. אנחנו קונים חמישה ספרים וארבע מחברות לְשיעור עברית. 2. בכיתה יושבים שישה תלמידים, שלוש תלמידות ומורָה אחת. 3. כמה עולה העיתון? -הוא עולה

חמישה שקלים. 4. חמישה שקלים! זה יקר! 5. אימא, את קונה לי גלידה? 6. מיכאל נותן למיכאלה חמש בננות ועוגה אחת. 7. אני שולחת לכם גלויה מירושלים. 8. את כותבת לנו מייל? 9. הוא רוצה לקנות לה משהו אבל היא לא רוצה כלום. 10. למה אתה חושב שאני לא רוצה עוגה? 11. המורה לא נותנת לנו שיעורי בית. 12. היא אומרת לנו, שאנחנו צריכים ללמוד את המילים החדשות. 13. מה אתן חושבות על הסרט? 14. אני חושבת שזה סרט מצוין. 15. דינה שולחת ליוסי חבילה. בחבילה יש שני ספרים ושוקולד.
16. ילדים, בואו הביתה! 17. למה אתם לא יושבים? שבו! 18. שרה ואברהם נותנים לילדים הכל.

1. אנחנו קונים חמישה ספרים וארבע מחברות לְשיעור עברית. 2. בכיתה יושבים שישה תלמידים, שלוש תלמידות ומורָה אחת. 3. כמה עולה העיתון? -הוא עולה חמישה שקלים. 4. חמישה שקלים! זה יקר! 5. אימא, את קונה לי גלידה? 6. מיכאל נותן למיכאלה חמש בננות ועוגה אחת.
7. אני שולחת לכם גלויה מירושלים. 8. את כותבת לנו מייל? 9. הוא רוצה לקנות לה משהו אבל היא לא רוצה כלום. 10. למה אתה חושב שאני לא רוצה עוגה? 11. המורה לא נותנת לנו שיעורי בית.
12. היא אומרת לנו, שאנחנו צריכים ללמוד את המילים החדשות. 13. מה אתן חושבות על הסרט?
14. אני חושבת שזה סרט מצוין. 15. דינה שולחת ליוסי חבילה. בחבילה יש שני ספרים ושוקולד.
16. ילדים, בואו הביתה! 17. למה אתם לא יושבים? שבו! 18. שרה ואברהם נותנים לילדים הכל.

⇨ *IVRIT BEKEF Seite 93*

1. מה יש למי? קרא את קטעי הטקסט וענה על השאלות לפי הדוגמה:

Wer hat was?
Lies die Textabschnitte und beantworte die Fragen:

לאֲבִיבִית
יש משפחה גדולה
יש עבודה חדשה
אין זמן לספורט
יש שלושה ילדים.

לקֶרֶן ויוּבָל
יש הרבה חברים
יש כלב[15]
אין טלויזיה בבית
יש מזל בחיים

למֹשֶה
יש מכונית חדשה
יש חמישה ילדים
יש הרבה כסף
אין זמן לספורט

למימי ולילי
אין מכונית
יש דירה גדולה
יש הרבה אהבה
יש זמן לספורט

1. יש **למֹשֶה** מכונית חדשה? כן, יש לו מכונית חדשה.
2. יש ל**מימי ולילי** הרבה אהבה? ....
3. יש ל**קֶרֶן ויוּבָל** טלויזיה בבית? ....
4. יש ל**אביבית** כלב? ....
5. למי יש משפחה גדולה? ....
6. למי אין זמן לספורט? ....
7. יש ל**קֶרֶן ויוּבָל** הרבה חברים? ....
8. יש ל**מֹשֶה** הרבה כסף? ....
9. יש ל**מימי ולילי** כלב? ....
10. למי אין טלויזיה בבית? ....
11. למי יש ילדים? ....

2. ענה על השאלות בשלילה לפי הדוגמה:

Beantworte die Fragen in der Verneinung:

1. - יש לך בעיות? - לא, אין לי בעיות.
2. - יש לכם מכונית חדשה? - ....
3. - אימא, יש לך זמן עכשיו? - ....
4. - יש לכם ילדים? - ....
5. - יש לדניאל ודניאלה ילדים? - ....
6. - יש ליובל עבודה חדשה? - ....

3. איך השאלה:

Wie lautet die Frage?

1. - יש לכם כסף? - כן, יש לנו כסף.
2. - למי יש עיתון? - למיכאל יש עיתון.
3. - ....? - לא, אין לנו חברים בירושלים.
4. - ....? - לא, אין להם דירה גדולה.
5. - ....?- לא, אין לי ילדים.
6. - ....?- כן, יש להם שלושה ילדים.
7. - ....?- לי יש את הספר החדש של יוּבָל הֲרָרִי.
8. - ....?- כן, יש לו הרבה חברים.
9. - ....?- לא, אין לה בעיות בחיים.
10. - ....?- לא אין לו אהבה. הוא רווק.
11. - למי יש כלב?- לה.
12. - ....דירה גדולה?- להם.
13. - ....מכונית חדשה?- למֹשֶה.
14. - ....משפחה גדולה?- למיכאלה.

9

⇨ IVRIT BEKEF Seite 97

4. השלם בצורה הנכונה של "של" :

Setze das deklinierte Possessivpronomen „schel" ein:

1. לאביבית יש טלויזיה. הטלויזיה שלה חדשה.
2. לאולגה יש משפחה גדולה. המשפחה .... מרוסיה.
3. יש לנו מורה חדשה לעברית. המורה .... מצויינת.
4. ליובל יש אחות. האחות .... עובדת בבית חולים.
5. יש לנו שלושה בנים. הבנים .... לא גרים בתל אביב.
6. יש לי דודים בניו יורק. הדודים .... עובדים שם בבית קפה.
7. יש לנו תינוקת חמודה. לתינוקת .... קוראים מַיָה.

5. מה לא מתאים?

Welches Wort passt nicht in die Reihe?

1. אח / אבא / סבא / אימא
2. דודה / גלידה / עבודה / אהבה
3. הורים / דודים / עיתונים / בנים
4. בנות / מכוניות / עבודות / רחובות
5. תינוקות / בנות / סיגריות / דודות
6. לקנות / לראות / עבודות / לשתות
7. סבתא / נכדה / אימא / חמודה
8. רעיונות / רחובות / שולחנות / מתנות

6. מילים הפוכות

Schreibe das Gegenteil:

1. עני - עשיר
2. גדול - ....
3. טוב - ....
4. משהו - ....
5. הרבה - ....
6. פה - ....
7. יש - ....
8. רווק - ....

9

➩ *IVRIT BEKEF Ende Lektion 9*

7. קרא את הטקסט וענה על השאלות :

Lies den Text und beantworte die Fragen:

אני דָנָה.
אני נשואה לאביבה כבר עשר שנים ויש לנו שלושה ילדים.
אנחנו גרות בבית קטן ברַעֲנָנָה.
אני ארכיטקטית ואני עובדת במשרד ארכיטקטים גדול בצפון תל אביב.
כל בוקר אני שותה קפה, אוכלת יוגורט ונוסעת[16] מרַעֲנָנָה לתל אביב.
אני עובדת כל היום וחוזרת הביתה בערב.
את הילדים אני רואה רק בערב.
אין לי זמן לקרוא ספרים או לעשות ספורט.

אני אָבִיבָה.
אני נשואה לדנה ואנחנו אימהות של יוֹתָם בן עשר,
מַיָה בת שמונה ושִירָה בת שלוש.
אני מורה בבית ספר ברַעֲנָנָה ועובדת כל יום עד השעה ארבע.
יש לנו מזל שאנחנו גרות על יד ההורים שלי כי הם לא עובדים
ויש להם זמן להיות עם הילדים שלנו עד שאני חוזרת מבית הספר.
אני אוהבת לקרוא ולשמוע מוסיקה.

1. כמה זמן דנה ואביבה נשואות? ....

2. איך קוראים לילדים שלהם ובני כמה הם? ....

....

3. איפה דנה עובדת? ....

4. עד מתי אביבה עובדת? ....

5. על יד מי הן גרות? ....

6. למה יש להן מזל? ....

....

9

8. הקשב וקרא פסקול 38 וענה על השאלות:

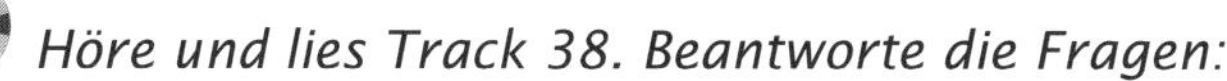

Höre und lies Track 38. Beantworte die Fragen:

1. יש לדניאלה טלויזיה? ....
2. מה יש הערב בטלויזיה? ....
3. למי יש יין ובמבה? ....
4. מי בא מחיפה? ....
5. כמה ילדים יש לאחות של אורי? ....
6. מי רוצה לראות את הארוויזיון? ....
7. מי לא רוצה לראות את הארוויזיון? ....
8. מה דניאלה ואורי עושים בערב? ....

9. השלם את המשפטים:

Vervollständige die Sätze:

1. יש לי מזל כי ....
2. היא אוהבת ....
3. החברה שלי ....
4. באוניברסיטה יש ....
5. לדני אין ....
6. בבית אין ....
7. בתל אביב יש ....

10. בחר את התשובה הנכונה:

Wähle die richtige Anwort aus:

1. .... סטודנט או מורה? (את / היא / אתה)
2. אני לא ......לונדון. (מ... / ל... / מי)
3. דניאל ......בית. (ב... / מ... / ל...)
4. - חנה .... את? (איפה / מאין / מי)
   - אני מתל אביב.
5. זה הבית .... רינה ואורי. (את / עם / של)
6. ......יין מישראל. (ה... / מ... / את)
7. .... תלמידה לעברית. (זאת / זה / הוא)
8. היא אוכלת ......מסעדה. (ל... / ב... / ה...)
9. - הם פה?
   - לא, הם .... (ים / שם / גם)
10. מה אתם .... ? עברית או אנגלית? (לומדים / גרים / שותים)
11. - אתה .... תה או קפה? (גר / רוצה / מדבר)
    - תה בבקשה.
12. אני גר בדירה .... שני סטודנטים. (על / עם / ל...)
13. - אני רוצה סלט.
    - .... סלט, אבל יש סנדוויץ'. (לא / יש / אין)
14. אני מישראל, ...אתה? (מ... / ו... / ל...)
15. - .... אתה גר? (לאן? / איפה?/ מי?)
    - אני גר בירושלים.
16. - .... אתן רוצות? (מי / מה/ למה)
    - אנחנו רוצות קפה ועוגה.
17. - מה אתה .... עכשיו? (עושה / רוצה / עובד)
    - אני לומד ביולוגיה.

9

18. הן .... קפה. (אוכלות / רוצות / שותות)

19. הוא .... ללונדון. (טס / גרה / באה)

20. הוא גר במלון חדש .... הים. (על / על יד / עם)

21. בכיתה .... שולחנות וכסאות. (יש / עם / על)

22. - למה את בוכה?
- .... אני עצובה. (למה / ש... / כי)

23. - איפה המורה?
- אני לא .... (יושב / יודע / חושב)

24. הוא קורא .... הספר החדש של עמוס עוז. (את / על / גם)

25. - מה אתה ....
- כלום! (רוצים / עושים / עושה)

26. - .... אתם הולכים?
- למסיבה של תמי. (לאן / איפה/ מאין)

27. - .... אתה לא בא לשיעור?
- כי אני חולה. (לאן / איפה / למהה)

28. הוא אוהב .... דינה. (עם / על / את)

29. - הוא רוצה .... עברית. (ללמוד / לעבוד / לומד)

30. הוא בא ....בית. (מה... / מ... / ל...)

31. - יש .... עבודה?
- לא, אין לי. (לי / לכם / לך)

32. יש להם חברה בתל אביב.
החברה .... מורה לעברית. (שלך / להם / שלהם)

33. הוא לא עשיר. הוא .... (אני / עני / נעים)

34. היא לא קטנה. היא .... (יפה / גדולים / גדולה)

35. הוא לא עצוב. הוא .... (שמחה / שמח / שמחים)

36. היא לא יכולה לבוא כי היא .... לעבוד. (צריך / רוצה / צריכה)

9

37. הם לא .... לקנות מכונית כי אין להם כסף. (רוצים / צריכים / יכולים)

38. הוא אומר לה ....היום אין שיעור. (ו... / ש... / ל...)

39. - .... זה עולה? (למה / כמה / רק)
- 5 שקל.

40. אני נותנת ....רינה ספר. (ל... / את / ש...)

41. אני נותנת לרינה .... הספר החדש. (את / ל... / ש...)

42. המורה רוצה .... לתלמידים שיעורי בית. (לעשות / ללמוד / לתת)

43. היא .... מכתב לגרמניה. (לשלוח / שולח / שולחת)

44. .... שהוא חולה. הוא לא יכול לבוא לטיול. (מזל / חבל / נהדר)

45. - יש .... ילדים? (לך / להם / לכם)
- לא, אין לנו.

11. תרגם את המשפטים וכתוב אותם בכתב יד:

Übersetze und schreibe in Schreibschrift:

1. Ich habe heute Zeit, Nachrichten im Fernsehen zu sehen.

____

2. Michael hat eine neue Arbeit in Jerusalem.

____

3. Danny und Dina haben kein Glück.

____

4. Wir haben drei Söhne und drei Töchter.

____

9

5. Bist du (f.) verheiratet? - Nein, ich bin Single.

6. Mein Großvater hat Glück. Er hat zehn Enkelkinder!

7. Meine Eltern leben in Kanada. Sie haben dort viele Freunde.

8. Seine Schwester ist sehr reich.

9. Sie hat alles, aber sie hat keine Familie.

10. Was für ein süßes Baby! Wie heißt es? Wie alt ist es?

11. Er heißt Ben und ist ein Jahr alt.

12. Meine Freundin hat zehn Brüder und Schwestern.

13. Mein Sohn ist verheiratet, aber er hat keine Kinder.

14. Seine Freundin heißt Dana. Sie ist Einzelkind.

15. Unser Sohn heißt Dan und ist sechs Jahre alt.

____

16. Bist du (m.) sieben Jahre alt? - Nein! Ich bin schon acht Jahre alt!

____

17. Unsere Großmutter wohnt in New York. Sie schickt uns viele Geschenke.

____

18. Meine Tante sagt nicht, wie alt sie ist.

____

Lösungen 9 פתרונות

.1

2. כן, יש להן הרבה אהבה. 3. לא, אין להם טלוויזיה בבית. 4. לא, אין לה כלב. 5. לאביבית יש משפחה גדולה. 6. למשה אין זמן לספורט. 7. כן, יש להם הרבה חברים. 8. כן, יש לו. 9. לא, אין להן כלב. 10. לקרן ויובל. 11. למשה יש חמישה ילדים ולאביבית יש שלושה.

.2

2. לא, אין לנו מכונית חדשה. 3. לא, אין לי זמן. 4. לא, אין לנו ילדים. 5. לא, אין להם ילדים. 6. לא, אין לו עבודה חדשה.

.3

3. יש לכם חברים בירושלים? 4. יש להם דירה גדולה? 5. יש לך ילדים? 6. יש להם ילדים? 7. למי יש את הספר החדש של יובל הררי? 8. יש לו הרבה חברים? 9. יש לה בעיות בחיים? 10. יש לו אהבה? 12. למי 13. יש 14. למי יש

.4

2. שלה 3. שלנו 4. שלו 5. שלנו 6. שלי 7. שלנו

.5

1. אימא 2. דודה 3. עיתונים 4. רחובות 5. סיגריות 6. עבודות 7. חמודה 8. מתנות

.6

2. קטן 3. רע 4. כלום 5. קצת 6. שם 7. אין 8. נשוי

.7

1. הן נשואות עשר שנים. 2. יותם בן עשר, מיה בת שמונה ושירה בת שלוש. 3. היא עובדת במשרד ארכיטקטים. 4. היא עובדת עד ארבע. 5. הן גרות על יד ההורים של אביבה. 6. כי יש להורים של אביבה זמן להיות עם הילדים.

.8

1. כן. 2. ארוויזיון 3. לדניאלה 4. האחות של אורי עם המשפחה שלה. 5. שלושה. 6. האחות והמשפחה שלה. 7. דניאלה ואורי. 8. הם יושבים בבית קפה ומדברים על החיים.

.9

Beispielsätze – es können andere Sätze gebildet werden

1. יש לי חברים טובים. 2. את החברה שלה. 3. לא רוצה ללכת לים. 4. סטודנטים מכל העולם. 5. כלב. 6. לחם. 7. הרבה בתי קפה.

.10

1. אתה 2. מ... 3. ב... 4. מאין 5. של 6. ה... 7. צאת 8. ב... 9. שם 10. לומדים
11. רוצה 12. עם 13. אין 14. ל... 15. איפה 16. מה 17. עושה 18. שותות 19. טס
20. על יד 21. יש 22. כי 23. יודע 24. את 25. עושה 26. לאן 27. למה 28. את 29. ללמוד
30. מה... 31. לך 32. שלהם 33. עני 34. גדולה 35. שמח 36. צריכה 37. יכולים 38. ש...
39. כמה 40. ל... 41. את 42. לתת 43. שולחת 44. חבל 45. לכם

.11

1. יש לי זמן היום לראות חדשות בטלויזיה. 2. למיכאל יש עבודה חדשה בירושלים. 3. לדני ולדינה אין מזל. 4. יש לנו שלושה בנים ושלוש בנות. 5. את נשואה? -לא, אני רווקה. 6. לסבא שלי יש מזל. יש לו עשרה נכדים. 7. ההורים שלי חיים בקנדה. יש להם שם הרבה חברים. 8. האחות שלו עשירה מאוד. 9. יש לה הכל אבל אין לה משפחה. 10. איזה תינוק חמוד! איך קוראים לו? בן כמה הוא? 11. קוראים לו בן והוא בן שנה. 12. לחברה שלי יש עשרה אחים ואחיות. 13. הבן שלי נשוי אבל אין לו ילדים. 14. לחברה שלו קוראים דנה. היא בת יחידה. 15. לבן שלנו קוראים דן והוא בן שש. 16. אתה בן שבע? -לא! אני כבר בן שמונה! 17. הסבתא שלנו גרה בניו יורק. היא שולחת לנו הרבה מתנות. 18. הדודה שלי לא אומרת בת כמה היא.

1. יש לי זמן היום לראות חדשות בטלויזיה. 2. למיכאל יש עבודה חדשה בירושלים. 3. לדני ולדינה אין מזל. 4. יש לנו שלושה בנים ושלוש בנות. 5. את נשואה? -לא, אני רווקה. 6. לסבא שלי יש מזל. יש לו עשרה נכדים. 7. ההורים שלי חיים בקנדה. יש להם שם הרבה חברים. 8. האחות שלו עשירה מאד

9. יש לה הכל אבל אין לה משפחה. 10. איזה תינוק חמוד! איך קוראים לו? בן כמה הוא?

11. קוראים לו בן והוא בן שנה. 12. לחברה שלי יש עשרה אחים ואחיות. 13. הבן שלי נשוי אבל אין לו ילדים. 14. לחברה שלי קוראים דנה. היא בת יחידה. 15. לבן שלנו קוראים דן והוא בן שש.

16. אתה בן שבע? -לא! אני כבר בן שמונה! 17. הסבתא שלנו גרה בניו יורק. היא שולחת לנו הרבה מתנות. 18. הדודה שלי לא אומרת בת כמה היא.

Lektion 10 שיעור

IVRIT BEKEF Seite 105

1. הפוך את המשפטים למשפטים סתמיים

Formuliere die Sätze in eine allgemeine Aussage um („man“):

1. אני מתחילה לעבוד במשרד ב-9:00 בבוקר. במשרד מתחילים לעבוד ב-9:00.
2. בסוף השבוע אני הולכת לטייל על יד הים.
   בסוף שבוע ....
3. אימא נחה ביום שישי אחרי הצוהרים.
   בישראל ....
4. לילי קונה בסופרמרקט לחם, חלב וסוכר.
   בסופרמרקט ....
5. אנחנו שומעים בבית מוסיקה קלאסית.
   בקונצרט ....
6. דני ודנה שותים קפה ואוכלים עוגה בבית קפה.
   בבית קפה............

2. ענה על השאלות במשפט סתמי!

Beantworte die Fragen als allgemeine Aussage:

1. מה עושים בבית קפה? ....
2. מה עושים בשיעור עברית? ....
3. מה עושים בסופרמרקט? ....
4. מה עושים בבית? ....
5. מה עושים בחופש? ....

3. השלם עם "כל + ה..." והשתמש במילים המודגשות:

Kombiniere „kol ha..." mit den passenden Nomen:

כל + הצוהריים / סוף השבוע / השבוע / המשפחה / העולם

1. דניאלה אוהבת לשיר. היא שרה *כל הזמן.*
2. יש לנו משפחה באנגליה, ברוסיה ובארצות הברית.
   יש לנו משפחה ב............ ....
3. אילן עובד בימים ראשון, שני, שלישי, רביעי, חמישי ושישי.
   הוא עובד ....
4. שרה ואברהם אוהבים לשמוע מוסיקה. גם הילדים שלהם אוהבים מוסיקה.
   .... אוהבת מוסיקה.
5. אנחנו נחים בשבת וביום ראשון. אנחנו נחים ....
6. החנות סגורה מ-12:00 עד 14:00. החנות סגורה ....

4. כל, כל ה... או הכל?

„kol", „kol ha..." oder „hakol"?

לִיאוֹרָה מבקרת את את אימא שלה .... שַׁבָּת.

השבוע אין לה זמן. היא צריכה לעבוד .... יום, גם בשַׁבָּת.

היא שואלת את מַיָה, הבת שלה:

- מיה, את יכולה לבקר את סבתא בשַׁבָּת?
- לא, אין לי זמן ....שבוע. אני עובדת .... יום,

ביום שני אני עושה יוגה ....בוקר, בימי שלישי, רביעי וחמישי

אני צריכה ללכת לאוניברסיטה ל ....יום.

בשבת אנחנו נוסעים לטיול לכל היום. אני לא יכולה לעשות ....!

10

5. הטה את המשפטים הבאים

Konjugiere die folgenden Sätze:

1. דניאלה **אוהבת לשמוע** מוסיקה קלאסית.

אני ....

2. אימא **נחה** כל יום אחרי הצוהריים.

הוא ....

3. לילי לא **שומעת** את מימי.

אנחנו ....

4. היום אני **מתחילה** לעבוד בצוהריים.

היום אתם ....

5. הוא לא **רוצה להתחיל** ללמוד.

הן ....

6. אתה **עובד** כל היום! מתי אתה **נח**?

אתם ....

⇨ *IVRIT BEKEF Seite 107*

6. כתוב "היה" בצורה הנכונה

Schreibe „haja" in der richtigen Form:

1. מימי: לילי, איפה .... אתמול בערב? למה לא .... במסיבה?
2. לילי: .... בבית. .... חולה.
3. מימי: את יודעת איפה יורם ....? גם הוא לא .... במסיבה.
4. לילי: יורם .... אתמול אצל ההורים שלו בחיפה.
5. מימי: גם דני ודנה לא .... במסיבה.
6. לילי: אה, כן? אני לא יודעת איפה הם .... איך .... המסיבה?
7. מימי: המסיבה .... נהדרת. חבל שלא .... !

10

7. כתוב את המשפטים בהווה

Schreibe die Sätze in der Gegenwart:

1. אימא לא היתה באוניברסיטה. *אימא לא באוניברסיטה.*
2. היא היתה בדואר. ....
3. ההורים שלו לא היו בניו יורק. ....
4. הדודים שלך היו בקיבוץ? ....
5. האחות שלה היתה אתמול בבית. ....
6. אתמול היינו כל היום בים. ....
7. למה לא היית בשיעור עברית? ....
8. איפה הייתן אתמול בערב? ....
9. איפה הם היו? ....
10. הסופרמרקט היה פתוח. ....

8. מה כתוב פה? מצא את הרווחים בין המילים:

Was steht hier? Schreibe den Satz mit den richtigen Wortabständen:

1. הואעובדבחנותמהבוקרעדהערב. ....
2. אנחנועושיםקניותלשבת. ....
3. בישראלעובדיםביוםראשון. ....
4. בנמלישאניותמכלהעולם. ....
5. אתמולהיינובמסעדהטובה. ....
6. למהלאהייתבמסיבהאתמולבערב? ....

10

9. זכר או נקבה? כתוב את המספר ובצורת הרבים

Männlich oder weiblich? Schreibe das Nomen im Plural und passe die Zahl an:

1. איש (15) חמישה עשר אנשים
2. שנה (11) ....
3. מכונית (17) ....
4. בול (14) ....
5. אבא (12) ....
6. אימא (16) ....
7. לילה (15) ....
8. שעון (13) ....
9. רגע (18) ....
10. פעם (19) ....

10. סליחה מה השעה? כתוב את השעה במילים:

Wie spät ist es? Schreibe die Uhrzeit aus:

1. 2:05 ____________
2. 4:55 ____________
3. 15:15 ____________
4. 3:30 ____________
5. 7:50 ____________
6. 13:15 ____________
7. 4:45 ____________
8. 19:30 ____________
9. 20:00 ____________
10. 12:50 ____________

11. תרגם את המשפטים וכתוב אותם בכתב יד:

Übersetze und schreibe in Schreibschrift:

1. Entschuldige, weißt du (m.), wie spät es ist?

2. Ich (m.) bedauere, aber ich habe keine Uhr.

3. Wann esst ihr (m.) zum Mittag?

4. In Spanien sind alle Geschäfte am Mittag geschlossen.

5. Die Geschäfte öffnen um 17:00 Uhr.

6. Moment, ich (f.) komme!

7. Der Film fängt um 19:15 Uhr an.

8. Möchtest du (f.) heute Abend ins Restaurant gehen? Um halb acht?

9. Am Wochenende fliegen wir (f.) nach Mallorca. Wir (f.) wollen uns dort ausruhen.

10. Was für eine schöne Nacht! Man sieht den Mond!

---

11. Im Hamburger Hafen gibt es viele Schiffe aus der ganzen Welt.

---

12. Gestern Abend waren wir im Kino und danach im Restaurant.

---

13. Es war ein wunderbarer Urlaub!

---

14. Früher war alles gut.

---

15. Michael war gestern nicht im Büro, weil er beim Arzt war.

---

16. Von unserem Haus (aus) gibt es einen wundervollen Ausblick.

---

17. Wir (m.) sehen den Hafen und das Meer.

---

18. Wo wart ihr (f.) gestern? Ihr wart nicht zu Hause.

פתרונות 10 Lösungen

.1

2. הולכים לטייל על יד הים. 3. נחים ביום שישי אחרי הצהריים. 4. קונים לחם, חלב וסוכר. 5. שומעים מוסיקה קלאסית. 6. שותים קפה ואוכלים עוגה.

.2

Beispielsätze – es können andere Sätze gebildet werden.

1. יושבים עם חברים, שותים קפה או תה, אוכלים עוגה או משהו קטן. 2. לומדים עב-רית. 3. קונים לחם וחלב. 4. מדברים עם ההורים והאחים, קוראים, אוכלים, ישנים... 5. עושים חיים, נחים, עושים ספורט, מטיילים...

.3

2. כל העולם 3. כל השבוע 4. כל המשפחה 5. כל סוף השבוע 6. כל הצהריים

.4

כל, כל, כל ה...., כל, כל ה...., כל ה...., הכל

.5

1. אוהב / אוהבת 2. נח 3. לא שומעים / שומעות 4. מתחילים 5. לא רוצות להתחיל 6. עובדים, נחים

.6

1. היית, היית 2. הייתי, הייתי 3. היה, היה 4. היה 5. היו 6. היו, היתה 7. היתה, היית

.7

2. היא בדואר. 3. ההורים שלו לא בניו יורק. 4. הדודים שלך בקיבוץ? 5. האחות שלה בבית היום. 6. היום אנחנו כל היום בבית. 7. למה אתה לא בשיעור עברית? 8. איפה אתן הערב? 9. איפה הם? 10. הסופרמרקט פתוח.

.8

1. הוא עובד בחנות מהבוקר עד הערב. 2. אנחנו עושים קניות לשבת 3. בישראל עובדים ביום ראשון. 4. בנמל יש אניות מכל העולם. 5. אתמול היינו במסעדה טובה. 6. למה לא הייתם במסיבה אתמול בערב?

.9

2. אחת עשרה שנים 3. שבע עשרה מכוניות 4. ארבעה עשר בולים 5. שנים עשר אבות

6. שש עשרה אימהות 7. חמישה עשר לילות 8. שלושה עשר שעונים 9. שמונה עשר רגעים
10. תשע עשרה פעמים

10.

1. שתיים וחמש דקות / שתיים וחמישה 2. חמישה לחמש 3. שלוש ורבע 4. שלוש וחצי
5. עשרה לשמונה 6. אחת ורבע 7. רבע לחמש 8. שבע וחצי 9. שמונה 10. עשרה לאחת

11.

1. סליחה, אתה יודע מה השעה? 2. אני מצטער, אבל אין לי שעון. 3. מתי אתם אוכלים ארוחת צוהריים? 4. בספרד כל החנויות סגורות בצוהריים. 5. החנויות פותחות בחמש אחרי הצוהריים. 6. רגע, אני באה! 7. הסרט מתחיל בשבע ורבע. 8. את רוצה ללכת הערב למסעדה? בשבע וחצי? 9. בסוף השבוע אנחנו טסות למיורקה. אנחנו רוצות לנוח שם. 10. איזה לילה יפה! רואים את הירח! 11. בנמל המבורג יש הרבה אניות מכל העולם. 12. אתמול היינו בקולנוע ואחר כך במסעדה. 13. זה היה חופש נהדר! 14. פעם הכל היה טוב. 15. מיכאל לא היה אתמול במשרד, כי הוא היה אצל הרופא. 16. מהבית שלנו יש נוף מקסים. 17. אנחנו רואים את הנמל ואת הים. 18. איפה הייתן אתמול? לא הייתן בבית.

1. סליחה, אתה יודע מה השעה? 2. אני מצטער, אבל אין לי שעון. 3. מתי אתם אוכלים ארוחת צוהריים? 4. בספרד כל החנויות סגורות בצוהריים. 5. החנויות פותחות בחמש אחרי הצוהריים. 6. רגע, אני באה! 7. הסרט מתחיל בשבע ורבע. 8. את רוצה ללכת הערב למסעדה? בשבע וחצי? 9. בסוף השבוע אנחנו טסות למיורקה. אנחנו רוצות לנוח שם. 10. איזה לילה יפה! רואים את הירח! 11. בנמל המבורג יש הרבה אניות מכל העולם. 12. אתמול היינו בקולנוע ואחר כך במסעדה. 13. זה היה חופש נהדר! 14. פעם הכל היה טוב. 15. מיכאל לא היה אתמול במשרד, כי הוא היה אצל הרופא. 16. מהבית שלנו יש נוף מקסים. 17. אנחנו רואים את הנמל ואת הים. 18. איפה הייתן אתמול? לא הייתן בבית.

Lektion 11 שיעור

⇨ *IVRIT BEKEF Seite 119*

1. התאם את השורש לפועל:

Verbinde das Verb mit der passenden Wurzel:

1. ש.מ.ע	א. אומרת	7. א.כ.ל	ז. גומרים
2. פ.ת.ח	ב. קורא	8. י.ש.ב	ח. אוכלת
3. נ.ס.ע	ג. פותחות	9. ע.ב.ד	ט. יודעת
4. ח.ש.ב	ד. שומעים	10. ג.מ.ר	י. חוזר
5. א.מ.ר	ה. נוסע	11. י.ד.ע	יא. יושבים
6. ק.ר.א	ו. חושבים	12. ח.ז.ר	יב. עובדות

2. באיזו מילה השורש שונה?

Welches Wort hat eine andere Wurzel als die anderen drei?

1. אוכל / מאכל / אומר / לאכול
2. נסיעה / יודע / נוסע / לנסוע
3. ללמוד / תלמוד / עובד / לומד
4. גמור / אומרת / לגמור / גמירה
5. אומר / מדבר / דיבור / לדבר
6. לטוס / טסים / מטוס / עושה
7. מדבר / מעשה / לעשות / עושה
8. לשלוח / משלחת / שרים / שולחים
9. לקום / הקמה / לנוח / קמים
10. טיול / מטייל / מבקר / לטייל
11. לטוס / לנוח / מנוחה / נחים
12. קנייה / לקנות / לשבת / קונה
13. חושב / מחשב / שולח / חשוב
14. נותן / מתנה / לתת / לנוח

3. פועל בהטייה או שם הפועל?

Infinitiv oder konjugiertes Verb?

1. שלמה *מעשן* במסעדה. (מעשן / ~~לעשן~~)
2. אסור .... באוטובוס. (מעשן / לעשן)
3. למה אתה לא ....? אני תמיד .... את החשבון. (לשלם / משלם)
4. דניאלה רוצה .... בשבת. (לנוח / נחה)
5. למה את לא .... ? (לנוח / נחה)
6. תלמידים, בבקשה ....! (לשבת / יושבים)
7. תלמידים, למה אתם לא ....? (לשבת / יושבים)
8. מותר .... גלידה בקולנוע. (לאכול / אוכל)
9. משה תמיד רוצה .... (לשלם / משלם)
10. ילדים, בבקשה .... בשקט. אימא ישנה! (להיות / היה)
11. ילדים, לא .... עכשיו! אבא .... בטלפון. (לדבר / מדבר)
12. לא בריא .... הרבה סוכר. (לאכול / אוכל)

4. מילים הפוכות:

Bilde Gegensatzpaare:

1. אסור	א. לילה
2. בחוץ	ב. גומר
3. יום	ג. בפנים
4. מתחיל	ד. מותר

5. אוכל	ה. סגור
6. פתוח	ו. עשיר
7. נשוי	ז. שותה
8. עני	ח. רווק

11

⇨ *IVRIT BEKEF Seite 121*

5. כתוב את המספר הקודם והבא:

Schreibe die vorige und die folgende Zahl aus:

1. עשרים ותשע - שלושים - שלושים ואחת
2. .... - ארבעים וחמש - ....
3. ....- תשעים ושמונה - ....
4. ....- עשרים ושתים - ....
5. ....- חמישים ותשע - ....
6. .... - שלושים ושש - ....
7. .... - מאה ועשרים - ....
8. .... - מאה - ....

6. בן כמה? בת כמה? ענה וכתוב את המספר במילים על פי הדוגמא:

Wie alt? Antworte mit der ausgeschriebenen Zahl wie im Beispiel:

1. פַּבְּלוֹ פִּיקָאסוֹ נולד[17] בשנת 1881. בן כמה הוא היה בשנת 1900?
   בשנת אלף תשע מאות הוא היה בן תשע עשרה.
2. הֶלמוּט שְׁמִידט נולד בשנת 1918. בן כמה הוא היה בשנת 1995?

....

3. ווֹלְפְגַנג אַמַדֵאוּס מוֹצַרט נולד בשנת 1756 ומת בשנת 1791. בן כמה הוא היה?

....

4. המלכה אֶלִיזַבֶּת נולדה בשנת 1926. בת כמה היא היתה בשנת 1958?

....

5. יִצחָק רַבִּין נולד בשנת 1922. בן כמה הוא היה בשנת 1994?

....

11

➪ *IVRIT BEKEF Seite 123*

7. חבר את שני המשפטים למשפט אחד בעזרת המילות "כי" או "כש..."?

Verbinde die zwei Sätze mit „ki“ oder „ksche...“ zu einem Satz:

1. מימי מבקרת את לילי. היא חולה.

....

2. היינו קטנים. הכל היה טוב.

....

3. כל בוקר אני נוסעת למשרד באוטובוס. אני קוראת עיתון.

....

4. בבית קפה הוא תמיד יושב בחוץ. הוא רוצה לעשן.

....

5. אנחנו קמים כל יום ב-6:30. אנחנו צריכים להיות במשרד ב-8:00.

....

6. אימא באה הביתה. היא רוצה לנוח.

....

➪ *IVRIT BEKEF Ende Lektion 11*

8. הקשב וקרא פסקול 47 וענה על השאלות:

Höre und lies Track 47. Beantworte die Fragen:

1. איפה אורי רוצה לבקר? ....
2. איך היו השולחנות והכסאות כשאורי היה קטן? ....
3. איפה יש הרבה ילדים בכיתה, בישראל או בגרמניה? ....
4. מה דניאלה אומרת על אורי? ....
5. מתי נוסע האוטובוס לתל אביב? ....
6. איפה ה"דלת"? ....

11

Track 47 - Vervollständige den Text:

9. מלא את החסר:

אורי ודניאלה מטיילים בחיפה

אורי: הנה בית הספר שלי. זמן רב לא .... פה.
אני רוצה .... איך זה עכשיו. את באה?

דניאלה: יאללה!

אורי: השולחנות והכיסאות מאד קטנים!
כשהייתי ילד הכל .... גדול!

דניאלה: כי אתה .... קטן! אבל הכיתות גדולות.
יש פה הרבה שולחנות וכיסאות.
בגרמניה, בבית הספר שלי, הכיתה .... קטנה.
לא .... הרבה תלמידים בכיתה.

אורי: בכיתה שלי היו 35 תלמידים, וגם כאן .... עכשיו 32 כיסאות.

דניאלה: בכיתה שלי היו רק 24 תלמידים. בגרמניה .... הרבה ילדים.

אורי: הנה, זאת .... הכיתה שלי! היה טוב ללמוד פה.
.... כיף עם המורה ועם התלמידים.

דניאלה: .... הכל היה טוב. אורי, אתה נוסטלגי! מה השעה עכשיו?

אורי: אני לא יודע, ... לי שעון. רגע, היה פה שעון, הנה הוא, את רואה?

דניאלה: כבר חמש! אנחנו צריכים .... !
האוטובוס לתל אביב נוסע בחמש ורבע!

אורי: אז מה? .... שעה נוסע אוטובוס לתל אביב.

דניאלה: אורי! איפה הַ"דָּלֶת" שלי?! היא .... פה!

11

10. תרגם את המשפטים וכתוב אותם בכתב יד:

Übersetze und schreibe in Schreibschrift:

1. Am Schabbat möchte Dina den ganzen Tag schlafen.

2. Jeden Tag fahren wir (f.) zusammen mit Bus Nummer 4 zur Arbeit.

3. Wann stehst du (m.) morgens auf?

4. Wollt ihr (m.) im Café frühstücken (Frühstück essen)?

5. Wir (m.) können draußen sitzen.

6. Mein Vater bezahlt immer, wenn wir zusammen ins Restaurant gehen.

7. Bis wann bist du (f.) im Büro? – Bis halb fünf.

8. Als wir (m.) klein waren, war alles schön.

9. Wie viele Kellner gibt es im diesem Restaurant?

10. Wo ist der Hund? - Draußen.

11. Ist es gemäß der Tora erlaubt, am Schabbat mit dem Bus zu fahren?

12. In Cafés und Restaurants ist es verboten, drinnen zu rauchen.

13. 1990, als ich (f.) fünfundzwanzig Jahre alt war, war ich in China.

14. Wie viele Minuten hat (gibt es in) eine(r) Stunde? - Sechzig.

15. Als ich (m.) 8 Jahre alt war, waren wir 32 Schüler in der Klasse.

11. אילו מילים מתחבאות כאן?

Welche Wörter sind hier versteckt?

1. פבמינ
2. רומת
3. דימת
4. צבוח
5. שלמל
6. עלנש
7. רדס מוי
8. עסונ
9. עולפ
10. תומגר

11

Lösungen 11 פתרונות

.1

2 - ג, 3 - ה, 4 - ו, 5 - א, 6 - ב, 7 - ח, 8 - יא, 9 - יב, 10 - ז, 11 - ט, 12 - י

.2

2. יודע 3. עובד 4. אומרת 5. אומר 6. עושה 7. מדבר 8. שרים 9. לנוח 10. מבקר 11. לטוס 12. לשבת 13. שולח 14. לנוח

.3

2. לעשן 3. משלם, משלם 4. לנוח 5. נחה 6. לשבת 7. יושבים 8. לאכול 9. לשלם 10. להיות 11. לדבר, מדבר 12. לאכול

.4

2 - ג, 3 - א, 4 - ב, 5 - ז, 6 - ה, 7 - ח, 8 - ו

.5

2. ארבעים וארבע, ארבעים ושש 3. תשעים ושבע, תשעים ותשע 4. עשרים ואחת, עשרים ושלוש 5. חמישים ושמונה, שישים 6. שלושים וחמש, שלושים ושבע 7. מאה ותשע עשרה, מאה עשרים ואחת 8. תשעים ותשע, מאה ואחת

.6

2. בשנת אלף תשע מאות תשעים וחמש הלמוט שמידט היה בן שבעים ושבע. 3. וולפגנג אמדאוס מוצרט היה בן שלושים וחמש. 4. בשנת אלף תשע מאות חמישים ושמונה המלכה אליצבת היתה בת שלושים ושתיים.5. בשנת 1994 יצחק רבין היה בן שבעים ושתיים.

.7

1. כי / כשהיא חולה 2. כשהיינו קטנים... 3. ... כשאני נוסעת... 4. כי הוא רוצה לעשן
5. כי אנחנו צריכים ... 6. כשאימא באה...

.8

1. הוא רוצה לבקר בבית הספר שלו בחיפה. 2 כשהוא היה קטן הכיסאות והשולחנות היו גדולים. 3. בישראל. 4. היא אומרת שהוא נוסטלגי. 5. בחמש ורבע.
6. ה"דלת" לא פה. לא יודעים איפה היא.

.9

Vergleiche mit dem Text in IVRIT BEKEF Seite 125.

.10

1. בשבת דינה רוצה לישון כל היום. 2. כל יום אנחנו נוסעות ביחד לעבודה באוטובוס
מספר ארבע. 3. מתי אתה קם בבוקר? 4. אתם רוצים לאכול ארוחת בוקר בבית
קפה? 5. אנחנו יכולים לשבת בחוץ. 6. אבא שלי משלם תמיד כשאנחנו הולכים ביחד
למסעדה. 7. עד מתי את במשרד? -עד ארבע וחצי .8. כשהיינו קטנים הכל היה יפה.
9. כמה מלצרים יש במסעדה הזאת? 10. איפה הכלב? - בחוץ. 11. לפי התורה
מותר לנסוע באוטובוס בשבת? 12. בבתי קפה ובמסעדות אסור לעשן בפנים. 13.
בשנת אלף תשע מאות תשעים, כשהייתי בת עשרים וחמש, הייתי בסין. 14. כמה דקות
יש בשעה? - ששים. 15. כשהייתי בן שמונה, היינו שלושים ושניים תלמידים בכיתה.

1. בשבת דינה רוצה לישון כל היום. 2. כל יום אנחנו נוסעות ביחד לעבודה באוטובוס מספר ארבע. 3. מתי אתה קם בבוקר? 4. אתם רוצים לאכול ארוחת בוקר בבית קפה? 5. אנחנו יכולים לשבת בחוץ. 6. אבא שלי משלם תמיד כשאנחנו הולכים ביחד למסעדה. 7. עד מתי את במשרד? - עד ארבע וחצי.8. כשהיינו קטנים הכל היה יפה. 9. כמה מלצרים יש במסעדה הזאת? 10. איפה הכלב? - בחוץ. 11. לפי התורה מותר לנסוע באוטובוס בשבת? 12. בבתי קפה ובמסעדות אסור לעשן בפנים. 13. בשנת אלף תשע מאות תשעים, כשהייתי בת עשרים וחמש, הייתי בסין. 14. כמה דקות יש בשעה? - ששים. 15. כשהייתי בן שמונה, היינו שלושים ושניים תלמידים בכיתה.

.11

1. בפנים 2. מותר 3. תמיד 4. בחוץ 5. לשלם 6. לעשן 7. סדר יום 8. נוסע 9. פועל 10. גומרת

Lektion 12 שיעור

⇨ *IVRIT BEKEF Seite 130*

1. איזו מילה מתאימה?

Welches Wort passt in welche Lücke?

1. מכונית / אניה / אוטובוס / ....
2. נותן / ....
3. אוטובוס / ....
4. בירה / יין / ....
5. באוטובוס / ....

תחנה מרכזית

לוקח

רכבת

ברגל

מים

2. הקשב וקרא פסקול 48 וסמן את התשובה הנכונה:

Höre und lies Track 48. Markiere die richtige Antwort:

1. אתמול היא **עבדה / לא עבדה**.
2. היא נסעה **לחיפה / לירושלים / לתל אביב**.
3. היא נסעה **באוטובוס / ברכבת**.
4. בדרך היא למדה **פיסיקה / הסטוריה**.
5. בירושלים היא הלכה לבקר **במוזיאון / בתיאטרון**.
6. בצוהריים היא אכלה **פיצה / המבורגר / פלאפל**.
7. בבית קפה היא כתבה גלויה לחברה **בברלין / בהמבורג / בלונדון**.
8. **היא הלכה ברגל / היא נסעה באוטובוס** לתחנה המרכזית.
9. היא לקחה את האוטובוס לתל אביב **בשמונה / בשש / בשבע** בערב.
10. כשהיא חזרה הביתה היא **לא אכלה / אכלה** משהו.

⇨ *IVRIT BEKEF Seite 132*

3. הווה או עבר?

Präsens oder Vergangenheit? Markiere die Vergangenheitsformen, auch wenn du die Bedeutung nicht kennst:

- ☐ 1. לוקח
- ☐ 2. רקדתי
- ☐ 3. שלחנו
- ☐ 4. שומר
- ☐ 5. הלך
- ☐ 6. שמעה
- ☐ 7. קראת
- ☐ 8. צועק
- ☐ 9. שאלתי
- ☐ 10. צחקה
- ☐ 11. ידעתם
- ☐ 12. זורח
- ☐ 13. זכרתי
- ☐ 14. אומרת
- ☐ 15. יושבים
- ☐ 16. ירדנו
- ☐ 17. חשב
- ☐ 18. גמרתי
- ☐ 19. לובשים
- ☐ 20. ישנת
- ☐ 21. לקחנו
- ☐ 22. יוצאים
- ☐ 23. אמרה
- ☐ 24. אהבה

4. כתוב את שם הגוף ואת הפועל בהווה:

Schreibe das Personalpronomen und das Verb im Präsens:

1. אני	אכלתי	אני אוכלת
2.	נסענו	
3.	הלכתָ	
4.	לקחו	
5.	שמע	
6.	קראה	
7.	אהבתְ	
8.	שמעתן	
9.	למדו	
10.	עבדתם	

5. כתוב את הטקסט בהווה:

Schreibe den folgenden Text im Präsens:

אתמול לא היה שיעור עברית כי לא היו תלמידים בכיתה:
לא הייתי בכיתה כי ישנתי.
דָניאֶלָה לא היתה כי היא נסעה לטיול.
מִיכָאֵל ותוֹמָס לא היו כי הם לקחו את הבת שלהם לסרט.
גָבְרִיאֵלָה הלכה לבקר את אימא שלה בבית חולים.
אַלבֶּרטוֹ עבד.
- ואתם? למה לא הייתם בכיתה? ישבתם בבית קפה כל היום?
- לא, עבדנו במשרד כל היום.

היום אין שיעור כי ....

....

....

....

....

....

....

....

6. כתוב בנקבה:

Schreibe in der weiblichen Form:

1. הוא אכל היא אכלה
2. אתה למדתָ ____
3. הוא קרא ____
4. אני חזרתי ____
5. הוא ישן ____
6. הם שמעו ____
7. אתם כתבתם ____
8. אנחנו קראנו ____
9. הם ידעו ____
10. אתם אהבתם ____

⇨ IVRIT BEKEF Seite 134

7. באיזה חדר?

In welchem Zimmer?

חדר שינה / מטבח / חדר עבודה / מעלית / מרפסת / חדר ילדים / סלון / חדר אוכל / חדר אמבטיה

1. ב.......... מבשלים[18].
2. ב.......... יושבים, מדברים עם חברים או רואים טלויזיה.
3. ב.......... .... אוכלים.
4. ב.......... .... ישנים וגם אוהבים.
5. ב.......... .... קוראים ועובדים.
6. ב.......... .... הילדים ישנים ומשחקים[19]
7. ב.......... יושבים, אוכלים, שותים קפה, קוראים, מדברים עם חברים.
8. ב.......... .... מתרחצים[20]
9. ב.......... עולים לדירה.

8. מה לא מתאים?

Welches Wort passt nicht in die Reihe?

1. סלון / מטבח / סיפור / מקלחת
2. עובר / קראתי / מוצא / שומע
3. תייר / אוטובוס / רכבת / מכונית
4. לקחתי / אכלנו / שמעתי / חזרתי
5. אמבטיה / מקלחת / מים / מעלית
6. דירה / בית / רכבת / חדר
7. באמת / נכון / אסור / כמובן
8. שלח / עבד / יָשֵׁן / לומד
9. מתי / איפה / כאן / לאן
10. מרכז / עכשיו / אחר כך / היום
11. חוזר / עובר / הולך / יושב
12. תייר / טיול / מלון / סיפור

⇨ *IVRIT BEKEF Ende Lektion 12*

9. תרגם את המשפטים וכתוב אותם בכתב יד:

Übersetze und schreibe in Schreibschrift:

1. Der Tourist hat für drei Tage ein schönes Zimmer am Meer gefunden.

2. Wir sind mit dem Zug von Tel Aviv nach Jerusalem gefahren.

3. Gestern sind wir spät schlafen gegangen.

4. Moshe und Sarah haben ihre Enkelin ins Theater (mit)genommen.

5. Warum hast du (f.) mir nicht geschrieben, dass du kommst?

6. Er sucht eine Wohnung im Zentrum von Berlin.

7. Sie dachten, dass es keinen Unterricht gibt.

8. Hast du (m.) das neue Buch von David Grossman gelesen?

9. Gestern habe ich den ganzen Tag gearbeitet.

10. Mimi und Lily wollen in ihrem nächsten Urlaub nach Afrika reisen.

11. Im nächsten Jahr möchte ich (f.) umziehen.

12. Daniela hat eine schöne Wohnung mit einem großen Balkon gefunden.

13. Was suchst du (m.)? - Ein gutes Hotel im Zentrum.

14. Dina ging gestern zu Fuß ins Büro.

15. Sie hat unterwegs 100 Schekel gefunden.

Lösungen 12 פתרונות

.1

1. רכבת 2. לוקח 3. תחנה מרכזית 4. מים 5. ברגל

.2

2. לירושלים 3. ברכבת 4. הסטוריה 5. במוזיאון 6. פלאפל 7. בהמבורג 8. ברגל 9. בשמונה 10. אכלה

.3

עבר: 2, 3, 5, 6, 7, 9, 10, 11, 13, 16, 17, 18, 20, 21, 23, 24

.4

2. אנחנו, אנחנו נוסעים 3. אתה, אתה הולך 4. הם, הם לוקחים 5. הוא, הוא שומע 6. היא, היא קוראת 7. את, את אוהבת 8. אתן, אתן שומעות 9. הם / הן, הם לומדים / הן לומדות 10. אתם, אתם עובדים

.5

היום אין שיעור כי אין תלמידים בכיתה: אני לא בכיתה כי אני ישן. דניאלה לא בכיתה כי היא נוסעת לטיול. מיכאל ותומס לא בכיתה כי הם לוקחים את הבת שלהם לסרט. גבריאלה הולכת לבקר את אימא שלה בבית חולים. אלברטו עובד. -ואתם? למה אתם לא בכיתה? אתם יושבים בבית קפה כל היום? -לא, אנחנו עובדים במשרד כל היום.

.6

2. את למדתְ 3. היא קראה 4. אני חכרתי 5. היא ישנה 6. הן שמעו 7. אתן כתבתן 8. אנחנו קראנו 9. הן ידעו 10. אתן אהבתן

.7

1. מטבח 2. סלון 3. חדר אוכל 4. חדר שינה 5. חדר עבודה 6. חדר ילדים 7. מרפסת 8. חדר אמבטיה 9. מעלית

.8

1. סיפור 2. קראתי 3. תייר 4. אכלנו 5. מעלית 6. רכבת 7. אסור 8. לומד 9. כאן 10. מרכז 11. יושב 12. סיפור

.9

1. התייר מצא לשלושה ימים חדר יפה על יד הים. 2. נסענו ברכבת מתל אביב לירושלים. 3. אתמול הלכנו לישון מאוחר. 4. משה ושרה לקחו את הנכדה שלהם

לתיאטרון. 5. למה לא כתבת לי שאת באה? 6. הוא מחפש דירה במרכז ברלין. 7. הם חשבו שאין שיעור. 8. קראתָ את הספר החדש של דויד גרוסמן? 9. אתמול עבדתי כל היום. 10. מימי ולילי רוצות לטייל בחופש הבא שלהן באפריקה. 11. בשנה הבאה אני רוצה לעבור דירה. 12. דניאלה מצאה דירה יפה עם מרפסת גדולה.
13. מה אתה מחפש? - מלון טוב במרכז. 14. דינה הלכה אתמול ברגל למשרד.
15. היא מצאה בדרך 100 שקלים.

1. התייר מצא לשלושה ימים חדר יפה על יד הים. 2. נסענו ברכבת מתל אביב לירושלים. 3. אתמול הלכנו לישון מאוחר. 4. משה ושרה לקחו את הנכדה שלהם לתיאטרון. 5. למה לא כתבת לי שאת באה? 6. הוא מחפש דירה במרכז ברלין. 7. הם חשבו שאין שיעור. 8. קראתָ את הספר החדש של דויד גרוסמן? 9. אתמול עבדתי כל היום. 10. מימי ולילי רוצות לטייל בחופש הבא שלהן באפריקה.
11. בשנה הבאה אני רוצה לעבור דירה. 12. דניאלה מצאה דירה יפה עם מרפסת גדולה.
13. מה אתה מחפש? - מלון טוב במרכז. 14. דינה הלכה אתמול ברגל למשרד. 15. היא מצאה בדרך 100 שקלים.

Lektion 13 שיעור

⇨ *IVRIT BEKEF Seite 141*

1. סמיכות או לא סמיכות?

„ßmichut" oder nicht „ßmichut"? Markiere die „ßmichut"-Formen:

☐ 1. בית גדול
☐ 2. דירה גדולה
☐ 3. בית כנסת
☐ 4. חדר גדול
☐ 5. טיול לירושלים
☐ 6. בית קפה

☐ 7. עוגת תפוחים
☐ 8. ארוחת בוקר
☐ 9. משפחת פרידמן
☐ 10. טיול בוקר
☐ 11. משרד ארכיטקטים
☐ 12. עוגה מצויינת

☐ 13. בית חולים
☐ 14. משרד חדש
☐ 15. דירת סטודנטים
☐ 16. ארוחה טובה
☐ 17. חדר ילדים
☐ 18. משפחה גדולה

2. בנה סמיכות מהמילים הבאות:

Bilde „ßmichut"-Formen mit den folgenden Wörtern:

ריבה	עבודה	שיעורים	בית
חדר	עץ	אלבום	דירה
מסיבה	תיבה	ארוחה	ערב
קניות	דואר	תמונות	ספר
סטודנטים	תפוחים	לימונים	לילה
בוקר	קפה	מרכז	ילדים
משפחה	מוזיקה	כּוֹהֵן	רוק

1. בית קפה
2. ____
3. ____
4. ____
5. ____
6. ____
7. ____

13

⇨ *IVRIT BEKEF Seite 142*

Schreibe die Sätze im Präsens:

3. כתוב את המשפטים בהווה:

1. אתמול היו בכיתה רק עשרה תלמידים.

   היום יש בכיתה רק עשרה תלמידים.

2. כשהייתי קטנה לא היו מַחְשֵׁבִים[21] בעולם.

3. בגינה של סבא וסבתא היה עץ תפוחים ועץ לימונים.

4. במרכז ברלין היו מלונות גדולים.

5. למיכאל לא היה כסף אבל היה לו מזל.

6. כשנסעתי ברכבת לירושלים לא היה לי חֵשֶׁק[22] לדבר עם אנשים.

7. היתה לנו פעם מכונית אדומה.

8. דניאלה עבדה אתמול כל היום ולא היה לה זמן לעשות יוגה.

9. למורה שלהם היתה תמיד סבלנות.

10. דנדוש הקטן היה עצוב כי אבא לא היה בבית.

13

4. חבר את הפועל בהווה, שם הפועל והפועל בעבר.

Verbinde das Verb im Präsens mit der Infinitivform und mit der Vergangenheitsform:

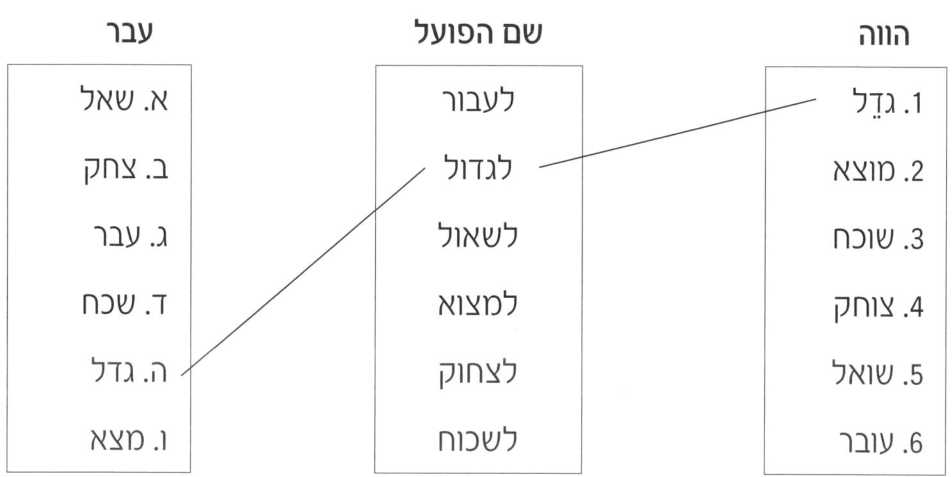

הווה	שם הפועל	עבר
1. גדֵל	לעבור	א. שאל
2. מוצא	לגדול	ב. צחק
3. שוכח	לשאול	ג. עבר
4. צוחק	למצוא	ד. שכח
5. שואל	לצחוק	ה. גדל
6. עובר	לשכוח	ו. מצא

5. כתוב את המשפטים בעבר:

Schreibe die Sätze in der Vergangenheit:

1. מימי ולילי שואלות את המורה הרבה שאלות.

מימי ולילי שאלו את המורה הרבה שאלות.

2. איזה מזל! החבר שלי לא שוכח את יום ההולדת שלי!

3. בגינה של סבא וסבתא שלה גדלים עצי פרי.

4. אנחנו בארוחת ערב אצל הדודה מרים וצוחקים כל הערב!

5. הוא לא חוזר הביתה היום.

6. דינה כותבת לדני שהיא חולה.

7. אנחנו לוקחים סנדויצ'ים ופירות.

8. הוא לא יודע לאן ללכת.

9. לאן את שולחת את החבילה?

10. מה אתה אומר? אני לא שומעת!

⇨ *IVRIT BEKEF Seite 144*

Schreibe im Plural:

6. כתוב ברבים:

1. עץ ירוק (5) — *חמישה עצים ירוקים*
2. ריבה אדומה (2)
3. גג אדום (4)
4. ספה כתומה (3)
5. לילה שחור (25)
6. שעון ירוק (21)
7. אניה סגולה (14)
8. שולחן לבן (7)
9. כיסא צהוב (17)

7. כתוב משפטים מהמילים בשני הטורים עם "אפשר", "אי אפשר" או "כדאי", "לא כדאי"

Bilde Sätze mit „'efschar", „'i efschar" oder „kedaj", „lo kedaj" aus den Wörtern in den Spalten:

בירושלים	לשתות	לראות תמונות וסרטים
באינטרנט	ללכת	פילוסופיה
בתל אביב	לנוח	את המורה שאלות
בגרמניה	לְהִתְפַּלֵל[23]	פיצה
באיטליה	ללמוד	ברגל בטֶבַע[24]
במרפסת	לשבת	ולקרוא
בחופש	למצוא	ליד הכותל המערבי
באוניברסיטה	לאכול	בירה
במרפסת	לשאול	במוזיאון
בכיתה	לבקר	על יד הים

בירושלים אי אפשר לשבת על יד הים.

13

8. איזה צבע?
Welche Farbe?

1. הבננה צהובה
2. השמים ....
3. המכונית ....
4. השוקולד ....
5. מיץ התפוזים ....
6. תיבות הדואר בישראל ....
7. תיבת הדואר בגרמניה ....
8. הים ....
9. הקפה ....
10. הלילה ....

9. מה לא מתאים?
Welches Wort passt nicht in die Reihe?

1. פורח / גינה / שמים/ עצים
2. כחול / ים / ירוק / אדום
3. אי אפשר / מותר / אסור / לא
4. הולך / לךְ / לי / לך
5. מכונית / אוטובוס / מלון / רכבת
6. שמחה / עצובה / צוחקת / טובה
7. שאלתי / אמרנו / צחקתי / שכחתי
8. צוחקת / שואלת / שוכחת / הלכת

⇨ *IVRIT BEKEF Ende Lektion 13*

10. הקשב לפסקול 52 וסמן את התשובה הנכונה:
Höre Track 52 und markiere die richtige Antwort:

1. דניאלה לא מוצאת את **השעון שלה / ה"דלת" שלה / הספר שלה**
2. אורי חושב שהיא שכחה את ה"דלת" **בבית / באוטובוס / ברכבת**
3. דניאלה חושבת **שהיא שכחה באוטובוס / שהילדים לקחו / שאורי לקח**
4. דניאלה רוצה ללכת **לבית חולים / למשטרה / הביתה**
5. הילדים **יודעים איפה ה"דלת" / צוחקים על דניאלה / לא אומרים כלום**

11. תרגם את המשפטים וכתוב אותם בכתב יד:

Übersetze und schreibe in Schreibschrift:

1. Im Garten meiner Großmutter wuchsen zwei Apfelbäume.

____

2. Familie Friedman hat eine schöne große Wohnung gefunden.

____

3. Nur das Schlafzimmer ist klein.

____

4. Ruth fragte Alberto nach (über) seinem Leben in Südamerika.

____

5. Avraham hat Sarahs Geburtstag vergessen.

____

6. Meine Mutter und ihre Freundin saßen zusammen in der Küche.

____

7. Sie (f.) waren immer fröhlich und lachten die ganze Zeit.

____

8. Dandusch, du bist aber schnell gewachsen!

____

9. Ist es möglich, von Tel Aviv nach Jerusalem mit dem Bus zu fahren?

____

10. Ja, es ist möglich. Es lohnt sich aber, mit einem „Scherut“ Taxi zu fahren.

11. Wo lohnt es sich, für ein paar Tage am Toten Meer zu bleiben (wohnen)?

12. Es gibt in En Gedi eine Jugendherberge.

13. Dein Tisch ist blau wie das Meer!

14. Dein Balkon ist so schön! Alles ist grün und blüht wie in einem Garten.

Lösungen 13 פתרונות

1.

3, 6, 7, 8, 9, 10, 11, 13, 14, 15, 17

2.

Ein paar Beispiele für „ßmichut“ – es können andere gebildet werden.

שיעורי בית, מסיבת לילה, ריבת לימונים, מוזיקת רוק, תיבת דואר

3.

2. עכשיו אין מחשבים בעולם. 3. בגינה של סבא וסבתא יש עץ תפוחים ועץ לימונים. 4. במרכז ברלין יש מלונות גדולים. 5. למיכאל אין כסף אבל יש מזל. 6. כשאני נוסע ברכ-בת אין לי חשק לדבר עם אנשים. 7. יש לנו מכונית אדומה. 8. דניאלה עובדת כל היום ואין לה זמן לעשות יוגה. 9. למורה שלהם יש תמיד סבלנות. 10. דנדוש הקטן עצוב כי אבא לא בבית.

4.

2. - למצוא - ו 3. - לשכוח - ד 4. - לצחוק - ב 5. - לשאול - א 6. - לעבור - ג

5.

2. איזה מזל! החבר שלי לא שכח את יום ההולדת שלי! 3. בגינה של סבא וסבתא שלה גדלו עצי פרי. 4. היינו בארוחת ערב אצל הדודה מרים וצחקנו כל הערב! 5. הוא לא חזר הביתה אתמול. 6. דינה כתבה לדני שהיא היתה חולה. 7. לקחנו סנדוויצ'ים ופי-רות. 8. הוא לא ידע לאן ללכת. 9. לאן שלחתְ את החבילה? 10. מה אמרתָ? לא שמעתי!

6.

2. שתי ריבות אדומות 3. ארבעה גגות אדומים 4. שלוש ספות כתומות

5. עשרים וחמישה לילות שחורים 6. עשרים ואחד שעונים ירוקים 7. ארבע עשרה אניות סגולות 8. שבעה שולחנות לבנים 9. שבעה עשר כסאות זהובים

7.

Beispielsätze – es können andere gebildet werden.

בחופש כדאי ללכת ברגל בטבע. במרפסת אפשר לשבת ולקרוא. בגרמניה אפשר לשתות הרבה בירה. באיטליה כדאי לבקר במוזיאון.

8.

2. כחולים 3. שחורה 4. חום 5. כתום 6. אדומות 7. צהובה 8. כחול 9. חום 10. שחור

9.

1. שמים 2. ים 3. מותר 4. הולך 5. מלון 6. עצובה 7. אמרנו 8. הלכת

10.

1. ה"דלת" שלה 2. בבית 3. שהילדים לקחו 4. למשטרה 5. צוחקים על דניאלה

11.

1. בגינה של סבתא שלי גדלו שני עצי תפוחים. 2. משפחת פרידמן מצאה דירה גדולה ויפה. 3. רק חדר השינה קטן. 4. רות שאלה את אלברטו על החיים שלו בדרום אמריקה. 5. אברהם שכח את יום ההולדת של שרה. 6. אימא שלי והחברה שלה ישבו ביחד במטבח. 7. הן תמיד היו שמחות וצחקו כל הזמן. 8. דנדוש, איך גדלת מהר! 9. אפשר לנסוע באוטובוס מתל אביב לירושלים? 10. אפשר, אבל כדאי לנסוע במונית שרות. 11. איפה כדאי לגור כמה ימים בים המלח? 12. יש בעין גדי אכסנית נוער. 13. השולחן שלך כחול כמו הים! 14. המרפסת שלך כל כך יפה! הכל ירוק ופורח כמו בגינה!

1. בגינה של סבתא שלי גדלו שני עצי תפוחים. 2. משפחת פרידמן מצאה דירה גדולה ויפה. 3. רק חדר השינה קטן. 4. רות שאלה את אלברטו על החיים שלו בדרום אמריקה. 5. אברהם שכח את יום ההולדת של שרה. 6. אימא שלי והחברה שלה ישבו ביחד במטבח. 7. הן תמיד היו שמחות וצחקו כל הזמן. 8. דנדוש, איך גדלת מהר! 9. אפשר לנסוע באוטובוס מתל אביב לירושלים? 10. אפשר, אבל כדאי לנסוע במונית שרות. 11. איפה כדאי לגור כמה ימים בים המלח? 12. יש בעין גדי אכסנית נוער. 13. השולחן שלך כחול כמו הים! 14. המרפסת שלך כל כך יפה! הכל ירוק ופורח כמו בגינה!

Lektion 14 שיעור

⇨ *IVRIT BEKEF Seite 152*

1. מילים הפוכות

Bilde Gegensatzpaare:

1. שמח	א. מאוחר	7. שעבר	ז. לפני
2. מוקדם	ב. עצוב	8. כדאי	ח. בוכה
3. אתמול	ג. קודם	9. צוחק	ט. דרום
4. מוצא	ד. אי אפשר	10. אחרי	י. לא כדאי
5. אחר כך	ה. מחפש	11. עובד	יא. הבא
6. אפשר	ו. היום	12. צפון	יב. נח

2. כתוב את שם הגוף ואת הפועל בהווה:

Schreibe das Personalpronomen und das Verb in der Gegenwart:

1. אתמול **קמנו** מאוחר. היום אנחנו קמים בשש בבוקר.
2. אתמול **רצת** למשרד. לאן .... היום?
3. לפני שנה **טסתם** לניו יורק. לאן .... השנה?
4. בשבוע שעבר **באתי** לכל שיעור. השבוע .... רק לשיעור אחד.
5. אתמול הלהקה **שרה** בתל אביב. היום .... בים המלח.
7. כשהייתן קטנות **גרתן** בקיבוץ. איפה .... היום?
8. אבא ואימא **נחו** אתמול אחרי העבודה. היום אין להם זמן ו .... לא ....

3. מה לא מתאים?

Welches Wort passt nicht in die Reihe?

1. קורא / יוצא / קרא / מוצא
2. נחתי / שרתי / באתי / קמת
3. באנו / באתי / רצתי / באתם
4. קם / נח / שרים / רץ
5. הלכנו / ישבנו / כתבתי / נסענו
6. טסתם / לשיר / לגור / לבוא
7. לעבוד / כותב / יוצא / מוצא
8. לצאת / למצוא / לקרוא / יצא

14

4. הקשב וקרא פסקול 54. מלא את החסר:

Höre und lies Track 54. Vervollständige den Text:

בבית או במשטרה?

אִילָנָה: אִילָן, איפה .... היום באחת בצוהריים?

אִילָן: .... במשרד כל היום.

אילנה: .... באחת למשרד ולא .... שם.

אילן: באחת? .... עם אִיצִיק לאכול צוהריים.

הפקידה לא .... לך?

אילנה: ו.................. ארוחת הצוהריים, איפה היית?

אילן: אחרי שאכלנו .... קצת בפארק.

אילנה: איפה היית .... שאכלת ארוחת צוהריים?

הפקידה אמרה לי שיצאת מהמשרד כבר ב 10:00. לאן ....?

אילן: .... הלכתי לפני ארוחת הצוהריים?

רגע, מה כל השאלות האלה? אני במשטרה?

5. חבר את שני חלקי המשפט למשפט אחד:

Verbinde zwei passende Satzhälften zu einem Satz:

1. הלכתי לאוניברסיטה	א. לטוס לניו יורק.
2. הוא יצא מהבית	ב. אחרי שאכלתי ארוחת בוקר.
3. למה לא אמרת לי	ג. לקום מוקדם
4. היא לא נחה אתמול	ד. אחרי ארוחת הבוקר.
5. אחרי שקמנו מוקדם	ה. טסנו לניו יורק.
6. בשנה הבאה אנחנו רוצים	ו. כי לא היה לה זמן.
7. בשנה שעברה	ז. יצאנו לטיול.
8. היא לא אוהבת	ח. שאתה יוצא לרוץ?

⇨ *IVRIT BEKEF Seite 154*

6. כתוב "את" בהטיה:

Füge „'et" in der deklinierten Form ein:

1. מאיה חולה. אבא לוקח .... לרופא.
2. אורי רוצה לצאת עם דניאלה לסרט. הוא שואל .... מתי יש לה זמן.
3. איפה הספר שלי? אני מחפשת .... כבר כל היום.
4. מימי ולילי רוצות לנסוע לטיול עם מומו ודודו.
   הן שואלות .... : "אתם גם רוצים לבוא?"
5. הוא אוהב .... אבל היא לא אוהבת .... חבל!
6. איפה הכלב שלי? אוי! שכחתי .... בפארק!

7. כתוב משפטים עם הפעלים הבאים ו"את" בהטייה לפי הדוגמה:

Schreibe Sätze mit den folgenden Verben und „'et" in der Deklination, so wie im Beispiel:

לזכור את ... / להכיר את ... / לאהוב את... / לשמוע את... / לשאול את... / לבקר את...

1. את מכירה **את דניאלה**? אני מכירה **אותה** מהאוניברסיטה.
2. ....
3. ....
4. ....
5. ....
6. ....

8. איזו תשובה מתאימה לאיזו שאלה?

Welche Antwort passst zu welcher Frage?

1. אתה שומע אותי?	א. כן, הוא אוהב אותה.
2. רוֹמֵיאוֹ אוהב את יוּלְיָה?	ב. כן, שאלנו אותה.
3. יוֹסֵף מבקר אותך היום?	ג. בטח שאנחנו זוכרים אתכם!
4. שאלתם את המורה למה אין שיעור?	ד. לא, אני לא שומע אותך.
5. את מכירה את המורה החדש?	ה. לא, הוא רוצה לבקר אותי מחר.
6. אתם זוכרים אותנו?	ו. לא, אני לא מכירה אותו.

9. התאם שם תואר לשם עצם וכתוב ברבים:

Finde ein Adjektiv zu jedem Substantiv und schreibe im Plural:

שם עצם	שם תואר	
עיר	ארוך	בחורות נחמדות
בחורה	אדום	
שאלה	גבוה	
זמר	גדול	
משחק	קטן	
להקה	עתיק	
עץ	ירוק	
שוק	מפואר	
גג	נהדר	
שמלה	נחמד	
ספה	כחול	
קו	שמח	

10. מה כתוב פה?

Was steht hier?

1. אנישומעתאותךאבלאתהלאשומעאותי.
2. היינובעירהעתיקהואכלנוחומוסבפיתה.
3. אתמולקמנובששבבוקר.
4. דניאלהבחורהגבוההויפה.
5. אנימכיראותךאבלאנילאזוכראיךקוראיםלך.

11. תרגם את המשפטים וכתוב אותם בכתב יד:

Übersetze und schreibe in Schreibschrift:

1. Nachdem er sich ausgeruht hatte, lief er eine Stunde im Park.

2. Wir haben die ganze Nacht gesungen.

3. Letztes Jahr sind wir nach New York geflogen.

4. Nächstes Jahr wollen wir nach Tokio fliegen.

5. Warum bist du (m.) nicht in die Uni gekommen?

6. Dina hat viele Fragen.

7. Wir hatten über Irland gelesen, bevor wir dahin geflogen sind.

8. Erinnerst du (f.) dich nicht an mich? Wir (f.) kennen uns aus der Schule!

9. Früher hattest du (m.) lange rote Haare.

14

10. Letzte Woche waren wir in der Altstadt.

11. Was für eine Frage! Sicher kommen wir!

12. Er hat Corona und er darf für 10 Tage nicht ausgehen (es ist ihm verboten).

13. Ich bedaure, aber ich höre dich (f.) nicht. Hörst du mich?

14. Ihre Oma ist krank. Daniela besucht sie jeden Tag.

15. Oj, wo ist mein Hebräischbuch? Ich habe es in der Klasse vergessen!

Lösungen 14 פתרונות

.1

1 - ב, 2 - א, 3 - ו, 4 - ה, 5 - ג, 6 - ד, 7 - יא, 8 - י, 9 - ח, 10 - ז, 11 - יב, 12 - ט

.2

2. אתה רץ 3. אתם טסים 4. אני בא 5. היא שרה 7. אתן גרות 8. הם לא נחים

.3

1. קרא 2. קמת 3. רצתי 4. שרים 5. כתבתי 6. טסתם 7. לעבוד 8. יצא

.4

Vergleiche mit dem Text IVRIT BEKEF Seite 152.

.5

1 - ב, 2 - ד, 3 - ח, 4 - ו, 5 - ז, 6 - א, 7 - ה, 8 - ג

.6

1. אותה 2. אותה 3. אותו 4. אותם 5. אותה, אותו 6. אותו

.7

Beispielsätze – es können andere gebildet werden.

1. אתם זוכרים את המורה לעברית? -בטח שאנחנו זוכרים אותה! 2. איפה דניאלה? אני רוצה לשאול אותה משהו. 3. מיכאל חולה. אתה רוצה לבקר אותו? 4. היא אוהבת את הכלב שלה מאוד! היא אוהבת אותו כמו בן משפחה.

.8

2 - א, 3 - ה, 4 - ב, 5 - ו, 6 - ג

.9

Ein paar Beispiele:

קוים ארוכים, עצים ירוקים, שמלות כחולות, גגות אדומים, ערים עתיקות

.10

1. אני שומעת אותך אבל אתה לא שומע אותי. 2. היינו בעיר העתיקה ואכלנו חומוס בפיתה. 3. אתמול קמנו בשש בבוקר. 4. דניאלה בחורה גבוהה ויפה. 5. אני מכיר אותך אבל אני לא זוכר איך קוראים לך.

.11

1. אחרי שהוא נח הוא רץ שעה בפארק. 2. שרנו כל הלילה. 3. בשנה שעברה טסנו לניו

יורק. 4. בשנה הבאה אנחנו רוצים לטוס לטוקיו. 5. למה לא באתָ לאוניברסיטה? 6. לדינה יש הרבה שאלות. 7. קראנו על אירלנד לפני שטסנו לשם. 8. את לא זוכרת אותי? אנחנו מכירות מבית הספר. 9. פעם היו לך שערות אדומות וארוכות. 10. בשבוע שעבר היינו בעיר העתיקה. 11. איזו שאלה! בטח, שאנחנו באים! 12. יש לו קורונה ואסור לו לצאת עשרה ימים. 13. אני מצטערת, אבל אני לא שומעת אותך. את שומעת אותי? 14. הסבתא שלה חולה. דיניאלה מבקרת אותה כל יום. 15. אוי, איפה הספר עברית שלי? שכחתי אותו בכיתה!

1. אחרי שהוא נח הוא רץ שעה בפארק. 2. שרנו כל הלילה. 3. בשנה שעברה טסנו לניו יורק. 4. בשנה הבאה אנחנו רוצים לטוס לטוקיו. 5. למה לא באתָ לאוניברסיטה? 6. לדינה יש הרבה שאלות. 7. קראנו על אירלנד לפני שטסנו לשם. 8. את לא זוכרת אותי? אנחנו מכירות מבית הספר. 9. פעם היו לך שערות אדומות וארוכות. 10. בשבוע שעבר היינו בעיר העתיקה. 11. איזו שאלה! בטח, שאנחנו באים! 12. יש לו קורונה ואסור לו לצאת עשרה ימים. 13. אני מצטערת, אבל אני לא שומעת אותך. את שומעת אותי? 14. הסבתא שלה חולה. דיניאלה מבקרת אותה כל יום. 15. אוי, איפה הספר עברית שלי? שכחתי אותו בכיתה!

Lektion 15 שיעור

⇨ *IVRIT BEKEF Seite161*

1. הקשב לפסקול 56 וסמן את המילים המופיעות בטקסט:

Höre Track 56 und markiere die Wörter, die im Text vorkommen:

פשטידה	ביצים	מיץ תפוזים
חומוס	בשר	עוגת שוקולד
פיתה	פירות	גבינות
עוף	סנדוויץ'	לחם

2. פסקול 56: נכון או לא נכון?

Track 56: Richtig oder nicht richtig?

1. איציק לא אוכל גבינות.	☐ נכון	☐ לא נכון
2. אפשר להגיש בשר.	☐ נכון	☐ לא נכון
3. אבא של יורם אוהב ביצים.	☐ נכון	☐ לא נכון
4. כולם אוהבים דגים.	☐ נכון	☐ לא נכון
5. האחות של יורם צמחונית	☐ נכון	☐ לא נכון
6. האבא של יורם לא בא.	☐ נכון	☐ לא נכון

⇨ *IVRIT BEKEF Seite 164*

3. שבץ מילה מתאימה לשורה:

Finde für jede Reihe ein passendes Wort von der linken Spalte:

.1	מנה ראשונה	מסעדה	מלצר	*קינוח*	ארוחה
.2		מרק	סלט	עוף	~~קינוח~~
.3	קפה		עוגה	סנדוויץ'	מיץ תפוזים
.4	חומוס	טחינה		פיתה	הגשה
.5	הפתעה	הזמנה	הכנה		פלאפל
.6		מטבח	מבשל	אוכל	פשטידה
.7	יין		בירה	מים	בית קפה

4. חבר את המשפטים המתאימים:

Verbinde jeweils zwei passende Sätze:

1. דָניאֶלָה **מזמינה** חברים למסיבה.
2. אנחנו אוהבים לטייל בארץ.
3. אנחנו מכינים חומוס ופלאפל.
4. הם מתחילים ללמוד עברית.
5. אורי מפתיע את דָניאֶלָה.
6. היא יכולה לקרוא עברית,

א. אבל הקריאה לא קלה.

ב. כל ההתחלות קשות!

ג. היא שולחת את ה**הזמנה** במייל.

ד. ההכנה לא היתה קשה.

ה. הטיול בשבת לחרמון היה נהדר!

ו. דָניאֶלָה אוהבת הפתעות.

⇨ *IVRIT BEKEF Seite166*

5. סמן את הפעלים של בניין פיעל:

Markiere die Verben, die zur „pi'el"-Gruppe gehören:

1. אכלנו	8. דיברתי	15. מספר	22. שתיתי
2. לבקר	9. חיפשו	16. מגישה	23. קיבלתם
3. מטיילים	10. עשיתם	17. טס	24. מיהרתי
4. יצאנו	11. זוכרים	18. משלמים	25. מצטערת
5. מחליטים	12. דיברת	19. מבקרת	26. מתחיל
6. שילמתן	13. אוכלות	20. רצנו	27. עברו
7. סיפרו	14. רוצה	21. חיפשתם	28. צחקתי

6. כתוב את הפועל בעבר

Schreibe das Verb in der Vergangenheit:

1. דָנדוּשׁ אוהב **לקבל** מתנות. אתמול היתה לו יום הולדת והוא .... הרבה מתנות.
2. - אבא, אתה לא צריך **לשלם**, אימא כבר ....
3. למה אתה לא **מספר** לי כלום? דָניאֵלָה .... לי שהיא פגשה אותך אתמול.
4. אוֹרנָה **מבשלת** כל יום ארוחת ערב. אתמול יוֹרָם ....
5. כל שבת אנחנו **מטיילים** בארץ. כבר הרבה זמן לא .... בדרום.
6. דָנָה תמיד **ממהרת**. אתמול היה לה זמן והיא לא ....
7. היא **מבקרת** את סבתא שלה כל יום. אתמול לא היה לה זמן והיא לא .... אותה.

7. כתוב משפטים עם בבקשה + שם הפועל:

Schreibe Sätze mit „bewakascha" + Infinitiv wie im Beispiel:

1. אתה לא צריך לדבר הרבה בטלפון. — בבקשה לא לדבר הרבה בטלפון! ____
2. אתה צריך למהר. ____
3. את לא צריכה לספר לאף אחד. ____
4. אתה צריך לבשל ארוחת צוהריים. ____
5. את צריכה לבקר את סבתא. ____
6. אתם צריכים לשלם את החשבון. ____

15

⇨ *IVRIT BEKEF Seite 167*

8. כתוב את מילות היחס של, אצל, את, ל.. בהטייה

Schreibe „schel", „'ezel", „'et" oder „le..." in der deklinierten Form:

1. לְמִימִי יש דודה בניו יורק. כשהיא טסה לניו יורק היא יכולה לגור ....
2. לְדָנִי ודִינָה יש שלושה ילדים. הילדים .... גרים בישראל.
3. - את זוכרת את יוּבָל הבלונדיני? - יוּבָל? לא, אני לא זוכרת ....
4. לְרִינָה יש שתי בנות. היא אוהבת .... מאד!
5. למורה שלנו קוראים סְמָדַר. אנחנו לומדים .... כבר חמש שנים.
6. - יש לכם מכונית חדשה? - לא, אין .... מכונית חדשה.
7. אני הולכת ליוּבָל. הוא מזמין .... לארוחת ערב .... בבית.
8. היא מדברת עם המורה ואומרת .... שלא היה .... זמן לעשות שיעורי בית.
9. - שלום תַמִי, אני באה לברלין בשבוע הבא. אני יכולה לישון .... ?
   - בטח שאת יכולה לישון .... !

➪ *IVRIT BEKEF Ende Lektion 15*

9. סמיכות או לא סמיכות?

„ßmichut" oder nicht „ßmichut" ? Markiere die „ßmichut"-Formen:

- ☐ 1. מצב רוח
- ☐ 2. תפוחי אדמה
- ☐ 3. מנה ראשונה
- ☐ 4. שתי מורות
- ☐ 5. ארוחת ערב שבת
- ☐ 6. ליל שבת
- ☐ 7. קינוח טעים
- ☐ 8. סיפור לילה טוב
- ☐ 9. ביקור חולים
- ☐ 10. מסעדת דגים
- ☐ 11. ארוחה טעימה
- ☐ 12. עוף בתנור
- ☐ 13. סיפור חדש
- ☐ 14. טיול קייץ
- ☐ 15. מסעדה חדשה

15

10. הקשב וקרא פסקול 58 וענה על השאלות:

Höre und lies Track 58. Beantworte die Fragen:

1. לאן אורי רוצה ללכת עם דניאלה? ....
2. למה דניאלה לא רוצה? ....
3. מה עושים בליל שבת אצל ההורים של אורי? ....

....

4. מי עוד בא להורים של אורי? ....
5. ההורים של אורי רוצים להכיר את דניאלה? ....
6. מה דניאלה רואה פתאום ברחוב? ....

11. תרגם את המשפטים וכתוב אותם בכתב יד:

Übersetze und schreibe in Schreibschrift:

1. Er lädt mich zum Kaffee ein.

2. Ich (f.) bedauere, aber ich kann nicht kommen, weil ich das Abendessen vorbereiten muss.

15

3. Ich (m.) verstehe nicht, was du (f.) willst!

4. Sie serviert uns Hähnchen, Reis und Salat.

5. Es war eine gute Entscheidung, nach Berlin umzuziehen.

6. Warum seid ihr (m.) nicht zu unserer Feier gekommen?

7. Was hast du (f.) gestern Abend gekocht?

8. Ich habe nicht gekocht, wir sind ins Restaurant ausgegangen.

9. Gestern haben wir meine Tante besucht. Meine Oma wohnt jetzt bei ihr.

10. Alles in Ordnung bei dir (m.)? Du hast den ganzen Abend nicht gesprochen.

____

11. Warum hast du (m.) dich gestern so beeilt?

____

12. Von wem hat Michael das Rezept für den Nachtisch bekommen?

____

13. Dandusch, wo warst du? Mama hat dich überall gesucht!

____

14. Es war eine wunderbare Party! Gutes Essen, viel Wein und eine fröhliche Stimmung!

____

15

12. אילו מילים מתחבאות כאן?

Welche Wörter sind hier versteckt?

1. הנגיב	____________	6. תימיז	____________
2. מביצי	____________	7. שפדטיה	____________
3. הנגיעב	____________	8. חותפי המאד	____________
4. נתרו	____________	9. חקוני	____________
5. סוחום	____________	10. תרון	____________

Lösungen 15 פתרונות

.1

פשטידה, עוף, ביצים, בשר, גבינות, לחם

.2

1. נכון 2. לא נכון 3. לא נכון 4. לא נכון 5. נכון 6. לא נכון

.3

2. פשטידה 3. בית קפה 4. פלאפל 5. הגשה 6. ארוחה 7. מיץ תפוזים

.4

2 - ה, 3 - ד, 4 - ב, 5 - ו, 6 - א

.5

2, 3, 6, 7, 8, 9, 12, 15, 18, 19, 21, 23, 24

.6

1. קיבל 2. שילמה 3. סיפרה 4. בישל 5. טיילנו 6. מיהרה 7. ביקרה

.7

2. בבקשה למהר! 3. בבקשה לא לספר לאף אחד! 4. בבקשה לבשל ארוחת צהריים!
5. בבקשה לבקר את סבתא! 6. בבקשה לשלם את החשבון!

.8

1. אצלה 2. שלהם 3. אותו 4. אותן 5. אצלה 6. לנו 7. אותי, אצלו 8. לה, לה 9. אצלך, אצלי

.9

1, 2, 4, 5, 6, 8, 9, 10, 14

.10

1. להורים שלו. 2. כי אין לה מצב רוח טוב. 3. אוכלים אוכל טוב, שותים הרבה יין, שרים, מספרים סיפורים וצוחקים. 4. האחות של אורי עם המשפחה שלה. 5. כן, מאוד.
6. את ה"דלת"

.11

1. הוא מזמין אותי לקפה. 2. אני מצטערת, אבל אני לא יכולה לבוא כי אני צריכה להכין את ארוחת הערב. 3. אני לא מבין מה את רוצה. 4. היא מגישה לנו עוף, אורז וסלט. 5. זאת היתה החלטה טובה, לעבור לברלין. 6. -למה לא באתם למסיבה שלנו?

7. מה בישלת אתמול בערב? 8. לא בישלתי. יצאנו לאכול במסעדה. 9. אתמול ביקרנו את הדודה שלי. סבתא שלי גרה אצלה עכשיו. 10. הכל בסדר אצלך? לא אמרת כלום כל הערב. 11. למה מיהרת אתמול כל כך? 12. ממי מיכאל קיבל את המתכון לקינוח? 13. דנדוש, איפה היית? אימא חיפשה אותך בכל מקום! 14. זאת היתה מסיבה נהדרת! אוכל טוב, הרבה יין ומצב רוח שמח!

1. הוא מזמין אותי לקפה. 2. אני מצטערת, אבל אני לא יכולה לבוא כי אני צריכה להכין ארוחת ערב. 3. אני לא מבין מה את רוצה. 4. היא מגישה לנו עוף, אורז וסלט. 5. זאת היתה החלטה טובה, לעבור לברלין. 6. למה לא באתם למסיבה שלנו? 7. מה בישלת אתמול בערב? 8. לא בישלתי. יצאנו לאכול במסעדה. 9. אתמול ביקרנו את הדודה שלי. סבתא שלי גרה אצלה עכשיו. 10. הכל בסדר אצלך? לא אמרת כלום כל הערב. 11. למה מיהרת אתמול כל כך? 12. ממי מיכאל קיבל את המתכון לקינוח? 13. דנדוש, איפה היית? אימא חיפשה אותך בכל מקום! 14. זאת היתה מסיבה נהדרת! אוכל טוב, הרבה יין ומצב רוח שמח!

.12

1. גבינה 2. ביצים 3. עגבניה 4. תנור 5. חומוס 6. זיתים 7. פשטידה 8. תפוחי אדמה 9. קינוח 10. נרות

Lektion 16 שיעור

➩ *IVRIT BEKEF Seite 172*

1. הקשב לפסקול 59 וסמן את התשובה הנכונה:

Höre Track 59. Markiere die richtige Antwort:

1. מימי עייפה כי היא — עשתה יוגה / היתה עם לילי בקניון
2. לילי חיפשה — ספר לקרוא / שמלה לחתונה
3. הן היו — בכל החנויות / רק בחנות אחת
4. לילי רצתה — שמלה שחורה / שימלה אדומה
5. השמלה שהיא מדדה היתה — קצרה מידי / ארוכה מידי
6. הן — הלכו הביתה / עשו הפסקה ושתו קפה
7. בסוף הן — לא קנו שמלה / קנו שתי שמלות

➩ *IVRIT BEKEF Seite 174*

2. סמן את הפעלים של פעל ל"ה:

Markiere die Verben, die zur „pa'al lamed he"-Gruppe gehören:

1. לראות	7. לעבוד	13. קוראת	19. שותה
2. ראתה	8. עשתה	14. קנינו	20. למדנו
3. בישלתם	9. לטייל	15. טסה	21. רציתי
4. הייתה	10. לעשות	16. חיפשה	22. יצאנו
5. לגדול	11. היינו	17. עצרת	23. שתיתי
6. לרצות	12. עלינו	18. לצחוק	24. עשה

3. התאם שורש ופועל:

Verbinde das Verb mit der passenden Wurzel:

1. ע.ל.ה	2. צ.ח.ק	3. ק.ר.א	4. ש.ת.ה	5. ה.י.ה	6. ר.צ.ה	7. ק.נ.ה	8. י.צ.א
א. שתתה	ב. קראה	ג. היתה	ד. עלתה	ה. צחקה	ו. קנתה	ז. רצתה	ח. יצאה

4. כתוב בגוף שלישי נקבה - היא...

Setze in die weibliche Form:

1. הוא שתה היא שתתה
2. הוא גר ________
3. הוא היה ________
4. הוא קנה ________
5. הוא חיפש ________
6. הוא רצה ________
7. הוא בישל ________
8. הוא עלה ________
9. הוא עשה ________
10. הוא טייל ________

⇨ *IVRIT BEKEF Seite 176*

5. הקשב לפסקול 60 וסמן את המילים המופיעות בטקסט:

Höre Track 60 und markiere die Wörter, die du gehört hast:

☐ כפר סבא	☐ סלון	☐ רהיטים
☐ דברים ישנים	☐ מודרנים	☐ 500 שקלים
☐ שוק פשפשים	☐ ספה	☐ מטבח
☐ מחיר מצוין	☐ שני זקנים	☐ יום הולדת
☐ חדר שינה	☐ זוג צעיר	☐ בגד משומש

6. מחק את מילת היחס הלא מתאימה:

Streiche die falsche Präposition durch:

1. קרן ראתה שני כלים יפים בשוק הפשפשים. היא קנתה אחד בשבילה / אצלה ואחד בשביל / של החברה שלה.
2. - דניאלה, אתמול הייתי אצלך / לך ולא היית בבית. איפה היית?
3. יובל מדד בחנות מכנסיים אדומים. המוכרת אמרה בשבילו / לו שהם קצרים מידי.
4. אימא, למה קנית למאיה גלידה ו שלי / לי לא?
5. - בשביל מי כל הספרים האלה? - בשביל קרן. גם המחברות אצלה / בשבילה
6. דודה מרים גרה אצל סבתא. היא גרה אצלה / אותה כבר שבוע.
7. אתמול ביקרתי את רותי. שתיתי אצלה / שלה קפה.
8. אימא אפתה שתי עוגות. אחת בשביל / אצל מאיה ואחת של / בשביל דנדוש.
9. סבא וסבתא גרים בצפון. קרן אוהבת להיות אותם / אצלם
10. המוכר נותן לי / בשבילי מחיר טוב.

⇨ *IVRIT BEKEF Ende Lektion 16*

7. מילים הפוכות:

Bilde Gegensatzpaare:

1. שום דבר	א. צד	6. זקן	ו. חדש
2. אמצע	ב. לבד	7. יָשָׁן	ז. עם
3. משומש	ג. הרבה דברים	8. שום מקום	ח. צעיר
4. ביחד	ד. פחות	9. אף אחד	ט. איפשהו[25]
5. יותר	ה. חדש	10. בלי	י. מישהו[26]

8. התאם מספר, שם עצם ושם תואר וכתוב ברבים:

Verbinde eine Zahl, ein Substantiv und ein Adjektiv und schreibe im Plural:

4	זוג	חדש	שבעים מוכרות טובות
23	רהיט	קצר	
35	כלי	צעיר	
10	מרק	ארוך	
17	בגד	יָשָׁן	
6	חתונה	טעים	
85	חולצה	שמח	
70	מוכרת	לבן	
62	הפסקה	אדום	
2	מוכר	משומש	
12	ארוחה	טוב	
115	נר	זקן	

9. מה כתוב פה?

Was steht hier?

1. אנירצהמהראבלאתהרציותרמהר.
2. למהאתקונההכלבשוקהפשפשים?
3. אימאאוהבתלהיותלבדבביתולנוח.
4. דינהלארוצהלנסועבקיץלשוםמקום.
5. היאמזמינההרבהחבריםלמסיבהאבלאףאחדלאבא.

10. תרגם את המשפטים וכתוב אותם בכתב יד:

Übersetze und schreibe in Schreibschrift:

1. Wir haben gebrauchte Kleidung auf dem Flohmarkt gekauft.

2. Wir haben dort auch alte Bücher für meinen Großvater gesucht.

3. Hast du (m.) deine Großmutter im Altersheim besucht?

4. Klar! ich habe Kuchen für sie gebacken und bei ihr Kaffee getrunken.

5. Hat er diese Hose für dich (f.) oder für mich gekauft?

6. Was hat Lily auf der Hochzeit getragen? Das Kleid, das sie gekauft hat?

7. Dandusch denkt, dass die Lehrerin Maja lieber mag.

8. Berlin ist größer als Hamburg.

9. Keren ist ihre beste Freundin!

10. Warum bist du (m.) traurig? – Weil keiner Zeit für mich hat.

____

11. Sein Schreibtisch steht in der Mitte des Zimmers.

____

12. Ihre Großeltern sind bereit, ins Altersheim umzuziehen.

____

13. Das Essen ist fertig!

____

16

11. מצא את המילים הבאות:

Finde die folgenden Wörter (waagerecht und senkrecht):

י	ט	ף	ו	ג	ס	ה	ר	ו	ר	ב
ו	ק	ג	ה	צ	ל	ו	ח	ץ	ה	ו
ם	ט	ה	י	ט	ה	ש	ת	ק	י	ט
ה	פ	ו	א	ס	ו	ר	ו	י	ט	ה
ו	ש	ץ	ר	ם	י	ס	נ	כ	מ	צ
ל	ה	צ	ה	ק	ס	פ	ה	ל	ר	נ
ד	נ	פ	ל	נ	ז	ע	ג	ה	ק	פ
ת	ס	ן	מ	ר	י	ח	מ	ט	ש	ה
ד	ה	י	ד	כ	ו	ז	ר	ף	י	ד
ג	ט	ף	ו	ע	ד	ל	י	ב	ש	ב
ס	י	א	ד	ו	ב	ק	ש	ז	ן	צ

Hemd, Hochzeit, Hose,
Pause, anprobieren,
um zu, für, alt (Sachen),
Braut, Geburtstag,
mit Sicherheit, (er) backt,
Suppe, klar,
Möbel (Singular), Preis

Lösungen 16 פתרונות

.1

1. היתה עם לילי בקניון 2. שמלה לחתונה 3. בכל החנויות 4. שימלה אדומה 5. קצרה מידי

6. עשו הפסקה ושתו קפה 7. קנו שתי שמלות

.2

1, 2, 4, 6, 8, 10, 11, 12, 14, 19, 21, 23, 24

.3

1 - ד, 3 - ב, 4 - א, 5 - ג, 6 - ז, 7 - ו, 8 - ח

.4

2. היא גרה 3. היא היתה 4. היא קנתה 5. היא חיפשה 6. היא רצתה

7. היא בישלה 8. היא עלתה 9. היא עשתה 10. היא טיילה

.5

כפר סבא, דברים ישנים, שוק פשפשים, מחיר מצויין, מודרנים, זוג צעיר, רהיטים, 500 שקלים, מטבח, בגד משומש

.6

1. בשביל 2. אצלך 3. לו 4. לי 5. בשבילה 6. אצלה 7. אצלה 8. בשביל, בשביל 9. אצלם 10. לי

.7

2 - א, 3 - ה, 4 - ב, 5 - ד, 6 - ח, 7 - ו, 8 - ט, 9 - י, 10 - ז

.8

Ein paar Beispiele – es gibt mehrere Möglichkeiten.

שלושים וחמישה בגדים משומשים 2. ארבעה רהיטים חדשים 3. שבע עשרה חתונות שמחות 4. שתי הפסקות ארוכות 5. שתים עשרה ארוחות טעימות

.9

1. אני רצה מהר אבל אתה רץ יותר מהר. 2. למה את קונה הכל בשוק הפשפשים? 3. אימא אוהבת להיות לבד בבית ולנוח. 4. דינה לא רוצה לנסוע בקיץ לשום מקום. 5. היא מזמינה הרבה חברים למסיבה אבל אף אחד לא בא.

.10

1. קנינו בגדים משומשים בשוק הפשפשים. 2. חיפשנו שם גם ספרים ישנים לסבא שלי.

3. ביקרת את סבתא שלך בבית אבות? 4. בטח! אפיתי עוגה בשבילה ושתיתי אצלה

קפה. 5. הוא קנה את המכנסיים האלה בשבילך או בשבילי? 6. מה לילי לבשה בחתונה? את השמלה שהיא קנתה? 7. דנדוש חושב שהמורה אוהבת את מאיה יותר. 8. ברלין יותר גדולה מהמבורג. 9. קרן היא החברה הכי טובה שלה. 10. למה אתה עצוב? - כי לאף אחד אין זמן בשבילי. 11. שולחן הכתיבה שלו עומד באמצע החדר. 12. הסבא והסבתא שלה מוכנים לעבור לבית אבות. 13. האוכל מוכן!

1. קנינו בגדים משומשים בשוק הפשפשים. 2. חיפשנו שם גם ספרים ישנים לסבא שלי. 3. ביקרת את סבתא שלך בבית אבות? 4. בטח! אפיתי עוגה בשבילה ושתיתי אצלה קפה. 5. הוא קנה את המכנסיים האלה בשבילך או בשבילי? 6. מה לילי לבשה בחתונה? את השמלה שהיא קנתה? 7. דנדוש חושב שהמורה אוהבת את מאיה יותר. 8. ברלין יותר גדולה מהמבורג. 9. קרן היא החברה הכי טובה שלה. 10. למה אתה עצוב? - כי לאף אחד אין זמן בשבילי. 11. שולחן הכתיבה שלו עומד באמצע החדר. 12. הסבא והסבתא שלה מוכנים לעבור לבית אבות. 13. האוכל מוכן!

.11

י							ר	ו	ר	ב
ו			ה	צ	ל	ו	ח		ה	
ם							ת		י	
ה	ו	פ	א				ו		ט	
ו				ם	י	ס	נ	כ	מ	
ל			ה	ק	ס	פ	ה	ל	ר	
ד			ל					ה	ק	
ת			מ	ר	י	ח	מ			
		י	ד	כ					י	
			ו			ל	י	ב	ש	ב
	י	א	ד	ו	ב				ן	

⇨ *IVRIT BEKEF Seite 185*

1. הקשב וקרא פסקול 62 וענה על השאלות:

Höre und lies Track 62 und beantworte die Fragen:

1. למה אין למאיה זמן לדבר בטלפון? ....
2. מה שם הבחור שהיא פגשה? ....
3. איפה היא פגשה אותו? ....
4. האם מקס ישראלי? ....
5. מה הוא עושה בישראל? ....
6. לאן הם הולכים הערב? ....

2. מלא את החסר (פסקול 62):

Ergänze (Track 62):

אימא, ...!

הי אימא, אני .... אין לי זמן. אני צריכה .... ולהתלבש.

יש לי .... הערב עם בחור .... אני מאד מתרגשת שמו מַקְס,

.... אותו אתמול בחנות ספרים ואני חושבת ש.......... !

הוא .... בלונדיני עם עינים כחולות. הוא גרמני מברלין, שעובד כאן בפרוייקט

.... של אוניברסיטת ירושלים עם אוניברסיטת ברלין.

אימא, הוא מקסים! כבר .... לא, הוא לא יהודי אבל זה לא .... אימא,

אני עוד לא .... אנחנו רק הולכים למסעדה.

טוב, אימא אין לי זמן עכשיו .... ביי.

3. כתוב את הפועל בעבר בצורה הנכונה:

Ergänze das Verb in der richtigen Form:

1. התאהבתי — גם הן התאהבו
2. התווכחנו — גם הם ....
3. היא מאד התרגשה — אבל הוא לא ....
4. כבר התלבשתי — גם הם כבר ....
5. כבר התרחצתי — אבל היא עוד לא ....
6. הוא לא הצטער — אבל אני ....
7. היא התחתנה — אבל הוא לא ....
8. הם התפללו[28] — גם היא ....
9. הם לא התרגשו — אבל אנחנו מאוד ....

17

4. כתוב את הפעלים "להתרחץ" ו"להתלבש" בזמן ובצורה הנכונה:

Zum Tüfteln: Ergänze die Verben „lehitrachez" und „lehitlabesch" in der passenden Zeit und Form.

בבוקר

1. אבא: דַנדוּש, מַאיָה, איפה אתם? כבר .... ו.................... ?
2. דַנדוּש: אבא, עוד לא .... מַאיָה .... ו.................... עכשיו.
3. אבא: מה, אתם עוד לא....................? ואיפה אימא?
4. אימא: הינה אני. כבר .... ו..................... אני מוכנה!

➪ *IVRIT BEKEF Seite 192*

5. כתוב את מילת היחס המתאימה:
של / עם / אֶת / בשביל / ב... / ל... / ו... / אצל / על

Setze die richtige Präposition ein. Achte darauf, ob sie dekliniert wird:

1. אתם נוסעים .... מימי ולילי לירושלים?
2. דני, יש .... כסף ?
3. ....דינה יש הרבה חברים בתל אביב.
4. .... מי את אוהבת?
5. אני מצטערת .... מה שאמרתי אתמול.
7. ביקרנו ....הרבה מקומות מעניינים בסין.
8. .... מי הקפה? - ....!
9. נירה חולה. אני רוצה לבקר ....
10. מיכל, התאהבת ....לילי?
11. אתה לא צריך להתווכח .... המורה על כל דבר קטן.
12. סיפרת ....הורים שלך שאתם מתחתנים?
13. חשבתי שאת אוהבת את אורי. למה את לא רוצה להתחתן ....?
14. .... מי המכונית הזאת? - אני לא יודע. היא לא ....
15. קרן ....יובל התחתנו לפני שנה.
16. איפה מצאת .... המשקפיים שלי?
17. ראיתם .... מימי ולילי? איפה הן? - אני ראיתי .... הן ...ספרייה.
18. אמא, אני רוצה לדבר .... יש .... זמן? - כן, יש לי זמן ....

17

6. מה לא מתאים?
Welches Wort passst nicht in die Reihe?

1. אופנוע / מונית / שולחן / אוטובוס
2. נמל תעופה / ללכת / לטוס / מטוס[27]
3. מטבח / רמזור / כביש / רחוב
4. צומת / רחוב / רמזור / ספר
5. ישר / ימינה / יפה / שמאלה
6. להתווכח / להתאהב / להתנשק / להתחתן
7. מתלבש / שמלה / חולצה / מונית
8. איתי / איתו / איתם / אותו

⇨ *IVRIT BEKEF Ende Lektion 17*

7. הקשב וקרא פסקול 65 ומלא את החסר:
Höre und lies Track 65. Ergänze:

חפץ חשוד

דניאלה: סליחה, ראית איש על .... עם "דֶלֶת"?
עובר אורח: כן, ראיתי. הוא .... ימינה לכיוון הים.
דניאלה: אורי, אתה בא איתי? האיש עם ה"דֶלֶת" נסע ....
אורי: מונית! מהר, סע ימינה!
דניאלה: אורי, הינה הוא, אתה ....? הוא פנה שמאלה.
דניאלה לנהג: סע אחרי האיש על האופנוע עם ה"דֶלֶת".
נהג: גברת, אני לא רואה ...., לאן עכשיו?
דניאלה: סע ....
סליחה, למה אתה ....? סע ישר!
נהג: אני לא יכול, שניה.
דניאלה: אבל אנחנו ....!
אורי: דניאלה, למה את .... איתו, את לא רואה את השוטר?
דניאלה: או אני ...., אני כל כך מתרגשת! מה קורה פה?
נהג: את לא ....? יש פה חפץ חשוד.
דניאלה: אורי, אתה רואה?! אתה רואה את ה"דֶלֶת"?

17

8. פסקול 65 - ענה על השאלות:

Track 65 - beantworte die Fragen:

1. למה דניאלה ואורי נוסעים במונית? ....

2. למה המונית עוצרת? ....

3. מה החפץ החשוד? ....

9. תרגם את המשפטים וכתוב אותם בכתב יד:

Übersetze und schreibe in Schreibschrift:

1. Es ist spät! Ich (f.) muss mich noch waschen und mich anziehen!

___

2. Mira ist traurig. Gestern hat ihre beste Freundin geheiratet und sie war krank.

___

3. Ich (m.) gehe in die Bücherhalle. Möchtest du (f.) mitkommen? (mit mir)

___

4. Dina, kann Alberto mit dir nach Jerusalen fahren?

___

5. Mimi hat gestern Mira am Flughafen getroffen.

___

6. Wir haben einen neuen Dozenten für Geschichte. Sein Name ist David Friedman.

___

17

7. Am Jom Kippur beten die Juden den ganzen Tag.

8. Das Gebäude auf der rechten Seite ist die Post.

9. Zum Meer? Am Ende der Straße biegst du (f.) nach rechts ab.

10. Was für ein Chaos (ist das) hier! Keiner hält an der roten Ampel an!

11. Es lohnt sich nicht, ein Taxi zum Flughafen zu nehmen.

12. Es ist nicht möglich, in den Zug ohne Fahrschein (Ticket) einzusteigen.

17

13. Wann kommt der Zug in Tel Aviv an?

14. Hast du (m.) blaue oder braune Augen?

.1

1. כי יש לה פגישה הערב והיא עוד צריכה להתרחץ ולהתלבש. 2. שמו מקס 3. בחנות ספרים. 4. לא, הוא גרמני. 5. הוא עובד בפרויקט משותף של אוניברסיטת ירושלים וברלין. 6. למסעדה..

.2

Vergleiche mit dem Text IVRIT BEKEF Seite 185.

.3

2. התווכחו 3. התרגש 4. התלבשו 5. התרחצה 6. הצטערתי 7. התחתן 8. התפללה 9. התרגשנו

.4

1. התרחצתם, התלבשתם 2. התרחצתי, מתרחצת ומתלבשת 3. התלבשתם? 4. התרחצתי, התלבשתי

.5

1. עם 2. לך 3. ל... 4. את 5. על 7. ב... 8. בשביל, בשבילי 9. אותה 10. ב... 11. עם 12. ל... 13. איתו 14. של, שלי 15. ו... 16. את 17. את, אותן, ב... 18. איתך, לך, בשבילך

.6

1. שולחן 2. ללכת 3. מטבח 4. ספר 5. יפה 6. להתווכח 7. מונית 8. אותו

.7

Vergleiche mit dem Text IVRIT BEKEF Seite 195.

.8

1. הם רוצים לנסוע אחרי האופנוע עם ה"דלת". 2. כי יש חפץ חשוב. 3. דָלֶת

.9

1. זה מאוחר! אני עוד צריכה להתרחץ ולהתלבש! 2. מירה עצובה. אתמול החברה הכי טובה שלה התחתנה והיא היתה חולה. 3. אני הולך לספריה. את רוצָה לבוא איתי? 4. דינה, אלברטו יכול לנסוע איתך לירושלים? 5. מימי פגשה אתמול את מירה בנמל התעופה. 6. יש לנו מרצה חדש להסטוריה. שמו דויד פרידמן. 7. ביום כיפור היהודים מתפללים כל היום. 8. הבניין בצד ימין זה הדואר. 9. לים? בסוף הרחוב את פונָה ימינה. 10. איזה בלגן פה! אף אחד לא עוצר ברמזור אדום. 11. לא כדאי

לקחת מונית לנמל התעופה. 12. אי אפשר לעלות לרכבת בלי כרטיס. 13. מתי מגיעה הרכבת לתל אביב? 14. יש לך עיניים כחולות או ירוקות?

1. זה מאוחר! אני עוד צריכה להתרחץ ולהתלבש! 2. מירה עצובה. אתמול החברה הכי טובה שלה התחתנה והיא היתה חולה. 3. אני הולך לספריה. את רוצָה לבוא איתי? 4. דינה, אלברטו יכול לנסוע איתך לירושלים? 5. מימי פגשה אתמול את מירה בנמל התעופה. 6. יש לנו מרצה חדש להסטוריה. שמו דויד פרידמן. 7. ביום כיפור היהודים מתפללים כל היום. 8. הבניין בצד ימין זה הדואר. 9. לים? בסוף הרחוב את פונָה ימינה. 10. איזה בלגן פה! אף אחד לא עוצר ברמזור אדום. 11. לא כדאי לקחת מונית לנמל התעופה. 12. אי אפשר לעלות לרכבת בלי כרטיס. 13. מתי מגיעה הרכבת לתל אביב? 14. יש לך עיניים כחולות או ירוקות?

Lektion 18 שיעור

⇨ *IVRIT BEKEF Seite 202*

1. חבר את את הפעלים מבניין פעל ונפעל עם השורש המתאים וכתוב את פרושו של כל פועל.

Verbinde die Verben der Gruppen „Pa'al" und „Nif'al" mit der passenden Wurzel:

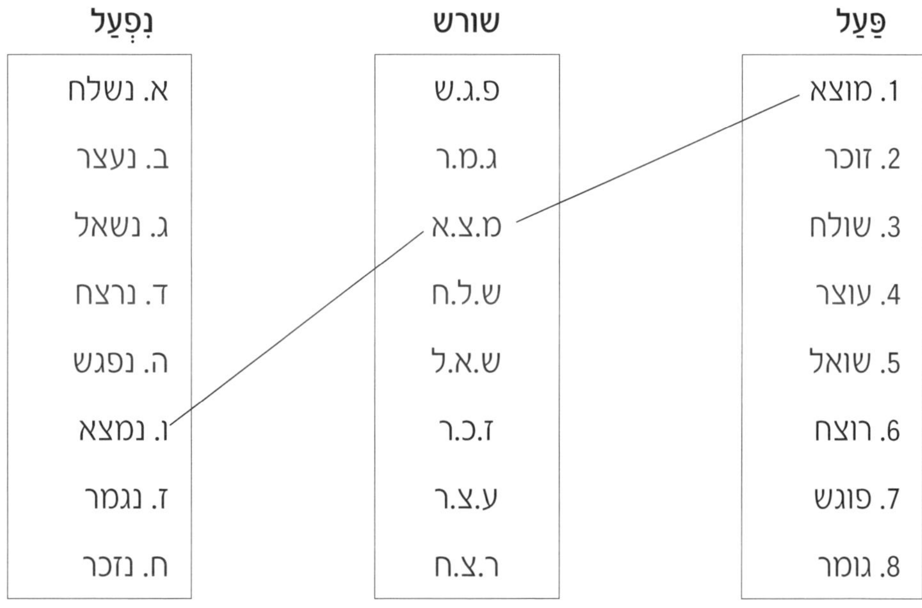

פַּעַל	שורש	נִפְעַל
1. מוצא	פ.ג.ש	א. נשלח
2. זוכר	ג.מ.ר	ב. נעצר
3. שולח	מ.צ.א	ג. נשאל
4. עוצר	ש.ל.ח	ד. נרצח
5. שואל	ש.א.ל	ה. נפגש
6. רוצח	ז.כ.ר	ו. נמצא
7. פוגש	ע.צ.ר	ז. נגמר
8. גומר	ר.צ.ח	ח. נזכר

2. בחר בפועל מתאים:

Wähle das passende Verb:

1. ג'ון לנון **נכנס / נרצח** בניו יורק בשנת 1980 בניו יורק.
2. האור **נדלק / נפגש** ברחוב כל ערב בשעה חמש.
3. כשהמורה **נכנסה / נפסקה** לכיתה כל התלמידים עמדו ודיברו.
4. **נפגשתי / נשארתי** אצל דניאל כל הלילה.
5. למה את הולכת? את לא רוצה **להישאר / להידלק** ולאכול איתנו ארוחת ערב?

3. שבץ והטה את המילה המתאימה:

Setze das passende Wort ein:

אור / התקלקל / מנהלת / גיבור / להיכנס / לעיתים קרובות / נשארת / קרה

1. אני לא אוהבת סרטים שה.................. מת בסוף הסרט.
2. בחורף בגרמניה צריך להדליק .... לפעמים כל היום.
3. תמי היא החברה הכי טובה שלי. אנחנו נפגשות ....
4. לחברת הטלפון יש .... חדשה. היא צעירה ומודרנית. העובדים אוהבים אותה.
5. כשדודה מרים באה לבקר היא .... תמיד כמה ימים אצלנו.
6. המחשב שלו .... והוא לא יודע מה לעשות.
7. למה את עומדת בחוץ? את לא רוצה ....?
8. מה ....? למה את בוכה?

⇨ *IVRIT BEKEF Seite 205*

18

4. חבר את הפועל בהווה, שורש והפועל בעבר.

Verbinde das Verb im Präsens mit seiner Wurzel und Vergangenheitsform:

הווה	שורש	עבר
1. מתקיים	ש.ת.פ	א. השתתף
2. משתתף	ק.י.מ	ב. התנגד
3. מתנגד	ח.ב.ק	ג. התחבק
4. מתחבק	נ.ג.ד	ד. התקיים

5. נכון או לא נכון? הקשב וקרא פסקול 67 וסמן:

Höre und lies Track 67 und markiere ‚richtig' oder ‚nicht richtig':

	נכון	לא נכון
1. יצחק רבין היה נשיא מדינת ישראל.	☐	☐
2. הוא רצה להגיע להסכם שלום עם הפלסטינים.	☐	☐
3. הוא קיבל את פרס נוֹבֵּל לשלום.	☐	☐
4. שִׁמעוֹן פֶּרֶס וְיָאסֶר עָרַאפָת לא קבלו את פרס נובל.	☐	☐
5. מפלגות הימין הסכימו עם יצחק רבין	☐	☐
6. ב-4 בנובמבר 1995 התקיימה עצרת בעד השלום.	☐	☐
7. יצחק רבין נרצח בסוף העצרת.	☐	☐

18

6. יצחק רבין - מצא וכתוב צירופי סמיכות בטקסט עמוד 205:

Finde „ßmichut"-Formen im Text auf Seite 205 und schreibe sie auf:

1. ____________ 6. ____________
2. ____________ 7. ____________
3. ____________ 8. ____________
4. ____________ 9. ____________
5. ____________ 10. ____________

⇨ *IVRIT BEKEF Seite 206*

7. שבץ והטה את הפועל המתאים:

Setze das passende Verb in der richtigen konjugierten Form ein:

להתחבק / לחתום / להתנגד / להתקיים / לעמוד / להשתתף
להיבחר / לפתוח

1. בשנת 2021 אוֹלָף שׁוֹלץ .... להיות ראש ממשלת גרמניה.
2. בתקופת הקורונה אנשים לא .... אחד עם השני.
3. הם .... בעצרת למען[28] השלום.
4. הקורס .... כל יום שלישי בשמונה בערב.
5. למה אתם .... שבו בבקשה!
6. מצאנו דירה חדשה. מחר אנחנו .... על החוזה[29].
7. למה אתה תמיד .... למה שאני אומרת?
8. .... את הפסטיבל בשיר המפורסם "הללויה"

⇨ *IVRIT BEKEF Seite 208*

8. מילים הפוכות:

Bilde Gegensatzpaare:

1. עומד	א. גבוה	5. מתנגד	ה. באמצע
2. למעלה	ב. אחרון	6. רווק	ו. מסכים
3. נמוך	ג. יושב	7. פותח	ז. נשוי
4. ראשון	ד. למטה	8. בצד	ח. סוגר

⇨ *IVRIT BEKEF Ende Lektion 18*

9. תרגם את המשפטים וכתוב אותם בכתב יד:

Übersetze und schreibe in Schreibschrift:

1. In den USA ist der Präsident auch der Premierminister.

____

2. Das Konzert findet am Donnerstag um 20:00 Uhr statt.

____

3. Meine Schwester und ich hatten eine Vereinbarung: Sie darf (kann) meine Kleider anziehen und ich ihre.

____

4. Es gibt Menschen, die gegen alles sind.

____

18

5. In Teheran gab es gewalttätige Demonstrationen gegen den gewählten Präsidenten.

____

6. Daniela macht Diät. In der ersten Woche isst sie nur Suppen.

____

7. Ich (f.) studiere im 3. Jahr Medizin an der Universität in Berlin.

____

8. Die Polizei in Hamburg trägt blaue Uniformen.

9. Die Opposition ist gegen das neue Gesetz.

10. Siehst du (f.) dieses Foto? Wer ist der Mann unten, der dritte von links?

11. Ich (f.) kenne nur die Frau, die in der oberen Reihe als zweite von links steht.

12. Was steht hier geschrieben?

13. Am Kongress beteiligen sich Ärzte aus der ganzen Welt.

14. Wer ist die Königin von Schweden?

15. In der letzten Zeit gibt es keine guten Nachrichten.

פתרונות 18 Lösungen

.1

2 - ז.כ.ר - ח, 3 - ש.ל.ח - א, 4 - ע.צ.ר - ב, 5 - ש.א.ל - ג, 6 - ר.צ.ח - ד, 7 - פ.ג.ש - ה, 8 - ג.מ.ר - ז

.2

1. נרצח 2. נדלק 3. נכנסה 4. נשארתי 5. להישאר

.3

1. גיבור 2. אור 3. לעיתים קרובות 4. מנהלת 5. נשארת 6. התקלקל 7. להיכנס
8. קרה

.4

1 -ק.י.מ - ד, 2 - ש.ת.פ - א, 3 - נ.ג.ד - ב, 4 - ח.ב.ק - ג

.5

1. לא נכון 2. נכון 3. נכון 4. לא נכון 5. לא נכון 6. נכון 7. נכון

.6

1. בשנת 1992 2. ראש ממשלת מדינת ישראל 3. שיחות שלום 4. הסכם השלום 5. נשיא ארצות הברית 6. פרס נובל 7. פיגועי טרור 8. עזרת תמיכה 9. מאות אלפי אנשים
10. הסכם אוסלו

.7

1. נבחר 2. התחבקו 3. השתתפו 4. מתקיים 5. עומדים 6. חותמים 7. מתנגד
8. פתחו

.8

1 - ג, 2 - ד, 3 - א, 4 - ב, 5 - ו, 6 - ז, 7 - ח, 8 - ה

.9

1. בארצות הברית הנשיא הוא גם ראש הממשלה. 2. הקונצרט מתקיים ביום חמישי בשעה שמונה ב"הבימה". 3. לאחותי ולי היה הסכם: היא יכולה ללבוש את הבגדים שלי ואני את שלה. 4. יש אנשים שמתנגדים להכל. 5. בטהרן היו הפגנות אלימות נגד הנשיא הנבחר. 6. דניאלה עושה דיאטה. בשבוע הראשון היא אוכלת רק מרקים.
7. אני לומדת שנה שלישית רפואה באוניברסיטה בברלין. 8. המשטרה בהמבורג לובשת מדים כחולים. 9. האופוזיציה מתנגדת לחוק החדש. 10. את רואה את התמונה הזאת? מי זה האיש שיושב למטה, השלישי משמאל? 11. אני מכירה רק את

האישה שעומדת בשורה העליונה, השניה משמאל. 12. מה כתוב פה? 13. בקונגרס משתתפים רופאים מכל העולם. 14. מי מלכת שוודיה? 15. בזמן האחרון אין חדשות טובות.

1. בארצות הברית הנשיא הוא גם ראש הממשלה. 2. הקונצרט מתקיים ביום חמישי בשעה שמונה ב"הבימה". 3. לאחותי ולי היה הסכם: היא יכולה ללבוש את הבגדים שלי ואני את שלה. 4. יש אנשים שמתנגדים להכל. 5. בטהרן היו הפגנות אלימות נגד הנשיא הנבחר. 6. דניאלה עושה דיאטה. בשבוע הראשון היא אוכלת רק מרקים. 7. אני לומדת שנה שלישית רפואה באוניברסיטה בברלין.

8. המשטרה בהמבורג לובשת מדים כחולים. 9. האופוזיציה מתנגדת לחוק החדש. 10. את רואה את התמונה הזאת? מי זה האיש שיושב למטה, השלישי משמאל? 11. אני מכירה רק את האישה שעומדת בשורה העליונה, השניה משמאל. 12. מה כתוב פה? 13. בקונגרס משתתפים רופאים מכל העולם. 14. מי מלכת שוודיה? 15. בזמן האחרון אין חדשות טובות.

Lektion 19 שיעור

⇨ IVRIT BEKEF Seite 216

1. הקשב וקרא פסקול 69 וסמן את התשובה הנכונה:

Höre und lies Track 69 und markiere die richtige Antwort:

1. יוסי ברגר — נשוי / חי לבד / חי עם חבר
2. חנה הורוביץ גרה — בקומת קרקע / בקומה ראשונה / בקומה שניה
3. חנה הורוביץ — מדברת הרבה / לא מדברת
4. חנן — מצליח / עצוב / עני
5. בקומה שנייה — גר חנן / גר יוסי ברגר / גרה משפחת שמש
6. לכרמלה שחר — יש שלושה ילדים קטנים / אין ילדים / יש כלב
7. אנחנו גרים על יד — יובל וקרן / חנה הורוביץ / משפחת שמש

⇨ IVRIT BEKEF Seite 217

2. מה השאלה?

Wie lautet die Frage?

1. אֶת מי אני שומעת? — אני שומעת **את דָנִי**.
2. ________________ ? — מאיה יושבת **על יד שִׁמעוֹן**.
3. ________________ ? — לילי הולכת **עם מימי** לסרט.
4. ________________ ? — הם גרים **על ידינו**.
5. ________________ ? — דודה מרים גרה **אצלכם**.
6. ________________ ? — הם מדברים **עם השכנים** שלהם.
7. ________________ ? — נינה הזמינה **אותי** לארוחת צוהריים.
8. ________________ ? — אימא צוחקת **איתה** כל היום.
9. ________________ ? — אורי ישב **על ידך** באוטובוס.

➪ *IVRIT BEKEF Seite 218*

3. איזה שורש מתאים לאיזו שורת מילים?

Welche Wurzel passt zu welcher Wortreihe?

1. מפסיק, הפסקה, הפסיק, להפסיק	ת.ח.ל
2. הזכיר, הזכרה, זכר, לזכור, להזכיר	כ.ת.ב
3. המציא, המצאה, מצא, נמצא	פ.ס.ק
4. התחיל, התחלה, להתחיל	ז.כ.ר
5. כתב, התכתב, הכתבה, הכתיב, נכתב	ר.ג.ש
6. להרגיש, הרגיש, התרגש, נרגש	מ.צ.א

➪ *IVRIT BEKEF Seite 220*

4. מה כואב? כתוב לפי הדוגמה:

Was tut weh? Formuliere wie im Beispiel:

1. יש לו כאב בטן. — כואבת לו הבטן.
2. יש לי כאב שיניים. ....
3. אין לנו כאב גרון. ....
4. לַמָאיָה יש כאב אוזניים. ....
5. יש לָךְ כאב ראש? ....
6. לא כואב לי הראש. — אין לי כאב ראש.
7. הגרון כואב לו. ....
8. הלב כואב לנו. ....

19

5. "כדי" או "כדאי"?

„kdej“ oder „kedaj“?

1. באיטליה .... לאכול פיצה.
2. .... לעשות ספורט .... להיות בריא.
3. .... לעשות קניות בשוק, כי הירקות והפירות טריים.
4. אם נוסעים כל יום ברכבת, ... לקנות כרטיס חדשי.
5. היא הולכת לרופא .... להיות בטוחה שהכל בסדר.
6. כואב לך הראש? אז אולי .... לך ללכת לרופא?
7. היא טסה לרומא .... לבקר במוזיאונים.
8. את מאד עייפה בזמן האחרון. .... לך לנסוע לחופש .... לנוח.
9. .... לנסוע לגליל. מאד יפה שם.
10. הוא קורא הרבה ספרים באנגלית .... ללמוד אנגלית יותר טוב.

6. מה לא מתאים?

Welches Wort passt nicht in die Reihe?

1. אף / פֶּה / פֹּה / שן
2. כוס / כאב / חֹם / בדיקה
3. כפית /להריח / להסביר / להוציא
4. שכן / רופא / סטודנט / קומה
5. על יד / אף / אצל / עם
6. מסביר / הקשיב / הצליח / הסכים
7. מקשיב / להתחיל / להחליט / להפריע
8. בין / בלי / במקום / בטן
9. אצבע / רגל / יד / כפית
10. בדיקה / בית חולים / מורה / רופא
11. קומה/ לקום / בית / דירה
12. ראש / שני / ראשון / שלישי

➪ IVRIT BEKEF Seite 223

7. כתוב משפטים על פי הדוגמה והשתמש ב"מוצא חן בעיני":
Gib die Sätze mit dem Ausdruck „moze chen be'ejnej" wieder:

1. יוסי אוהב מלונות קטנים.

מלונות קטנים מוצאים חן בעיניו.

2. אני לא אוהבת את הציורים של פיקאסו.

....

3. דניאל חושב שדניאלה מאד יפה.

....

4. מימי אוהבת את השמלה החדשה שלה.

....

5. אימא לא אוהבת כשדנדוש לא קם בבוקר.

....

6. אנחנו אוהבים את הדירה שלנו.

....

7. אתם אוהבים להקשיב למוסיקה קלאסית.

....

19

➪ IVRIT BEKEF Ende Lektion 19

8. הקשב וקרא פסקול 72 וענה על השאלות:
Höre und lies Track 72 und beantworte die Fragen:

1. מה צבע העיניים של דניאלה? ....
2. מה צבע השיער של אורי? ....
3. מה מוצא חן בעיני אורי? ....

4. למה אורי רומנטי? ....

5. לאן הם הולכים? ....

6. מה שם המסעדה? ....

7. מה חסר בשם המסעדה? ....

9. תרגם את המשפטים וכתוב אותם בכתב יד:

Übersetze und schreibe in Schreibschrift:

1. Hast du (f.) zugehört, was ich dir gesagt habe?

____

2. Warum habt ihr (m.) im Unterricht gestört und der Lehrerin nicht zugehört?

____

3. Er ist erfolgreich bei allem, was er macht.

____

4. Unsere Nachbarn wollen morgen anfangen, Yoga zu machen!

____

5. Ihre Nachbarin im Erdgeschoss ist sehr erfolgreich und reich.

____

6. Kennt ihr (f.) den Mann, der neben euch gesessen hat?

____

7. Ich (f.) möchte im Kino nicht neben dir (m.) sitzen. Du redest die ganze Zeit!

8. Mutter fühlt sich nicht gut. Sie hat schon den ganzen Tag Kopfschmerzen.

9. Er hat Zahnschmerzen, aber er geht nicht zum Zahnarzt.

10. Wie geht es dir, Mosche? – Mir geht es gut, aber Sarah geht es nicht gut.

11. David hat gerade (jetzt) viel Arbeit, aber sonst (außer) geht es ihm ausgezeichnet.

12. Abstrakte Bilder (Gemälde) gefallen ihm nicht.

13. Das neue Sofa von meinen Nachbarn im zweiten Stock gefällt mir sehr!

14. Riechst du (m.) die Bananen?

15. Katzen haben scharfe Zähne.

Lösungen 19 פתרונות

.1

1. חי לבד 2. בקומה ראשונה 3. מדברת הרבה 4. מצליח 5. גרה משפחת שמש 6. אין ילדים 7. יובל וקרן

.2

2. על יד מי היא יושבת? 3. עם מי היא הולכת לסרט? 4. על יד מי הם גרים? 5. אצל מי גרה דודה מרים? 6. עם מי הם מדברים? 7. את מי נינה הזמינה לארוחת צהרים? 8. עם מי אימא צוחקת כל היום? 9. על יד מי אורי ישב באוטובוס?

.3

2. ז.כ.ר 3. מ.צ.א 4. ת.ח.ל 5. כ.ת.ב 6. ר.ג.ש

.4

2. כואבות לי השיניים. 3. הגרון לא כואב לנו. 4. האוזניים כואבות למאיה. 5. כואב לך הראש? 7. יש לו כאב גרון. 8. יש לנו כאב לב.

.5

1. כדאי 2. כדאי, כדי 3. כדאי 4. כדאי 5. כדי 6. כדאי 7. כדי 8. כדאי, כדי 9. כדאי 10. כדי

.6

1.פּה 2. כוס 3. כפית 4. קומה 5. אף 6. מסביר 7. מקשיב 8. בטן 9. כפית 10. מורה 11. לקום 12. ראש

.7

2. הציורים של פיקאסו לא מוצאים חן בעיני. 3. דניאלה מוצאת חן בעיניו. 4. השמלה החדשה שלה מוצאת חן בעיניה. 5. לא מוצא חן בעיניה שדנדוש לא קם בבוקר. 6. הדירה שלנו מוצאת חן בעינינו. 7. מוסיקה קלאסית מוצאת חן בעיניכם.

.8

1. כחולות 2. שחור 3. השמלה של דניאלה 4. כי הוא אוהב את דניאלה. 5. למסעדה 6. דג הזהב מסעדת דגים 7. ה"דלתים"

.9

1. הקשבת למה שאמרתי לך? 2. למה הפרעתם בשיעור ולא הקשבתם למורה? 3. הוא מצליח בכל מה שהוא עושה. 4. השכנים שלנו רוצים מחר להתחיל לעשות יוגה.
5. השכנה שלה בקומת קרקע מצליחה ועשירה מאוד. 6. אתן מכירות את האיש שישב על ידכן? 7. אני לא רוצָה לשבת על ידךָ בקולנוע. אתה מדבר כל הזמן! 8. אימא לא

מרגישה טוב. יש לה כאב ראש כבר כל היום. 9. יש לו כאב שיניים אבל הוא לא הולך לרופא שיניים. 10. מה שלומך, משה? - שלומי טוב, אבל שלום שרה לא טוב. 11. לדויד יש כרגע הרבה עבודה אבל חוץ מזה שלומו מצוין. 12. ציורים אבסטרקטים לא מוצאים חן בעיניו. 13. הספה החדשה של השכנים שלי מקומה שניה מוצאת חן בעיני מאד! 14. אתה מריח את הבננות? 15. לחתולים יש שיניים חדות.

1. הקשבת למה שאמרתי לך? 2. למה הפרעתם בשיעור ולא הקשבתם למורה? 3. הוא מצליח בכל מה שהוא עושה. 4. השכנים שלנו רוצים מחר להתחיל לעשות יוגה. 5. השכנה שלה בקומת קרקע מצליחה ועשירה מאד. 6. אתן מכירות את האיש שישב על ידכן? 7. אני לא רוצָה לשבת על ידךְ בקולנוע. אתה מדבר כל הזמן! 8. אימא לא מרגישה טוב. יש לה כאב ראש כבר כל היום. 9. יש לו כאב שיניים אבל הוא לא הולך לרופא שיניים. 10. מה שלומך, משה? -שלומי טוב, אבל שלום שרה לא טוב. 11. לדויד יש כרגע הרבה עבודה אבל חוץ מזה שלומו מצוין. 12. ציורים אבסטרקטים לא מוצאים חן בעיניו. 13. הספה החדשה של השכנים שלי מקומה שניה מוצאת חן בעיני מאד! 14. אתה מריח את הבננות? 15. לחתולים יש שיניים חדות.

Lektion 20 שיעור

➪ *IVRIT BEKEF Seite 230*

1. התאם את חלקי המשפט המתאימים :

Verbinde die passenden Satzteile:

1. השחקן המפורסם	א. אהיה במשרד.
2. היום אני בבית. מחר	ב. הם לא יהיו מחר בטיול.
3. כשתהיה גדול	ג. יהיה בירושלים בשבוע הבא.
4. אימא תהיה עייפה כי	ד. תהיה נהג אוטובוס.
5. אנחנו רוצים לבקר אתכם.	ה. היא עובדת כל היום.
6. הם חולים, לכן	ו. תהיו בבית מחר?

2. עבר, הווה או עתיד? סמן באדום את המשפטים בעבר,
בכחול את המשפטים בהווה, ובירוק את המשפטים בעתיד.

Markiere die Sätze in verschiedenen Farben:
Vergangenheit - rot, Präsens - blau, Futur - grün

1. אני בבית.
2. מחר אהיה בירושלים.
3. כל התלמידים יהיו בכיתה.
4. למה דינה לא פה?
5. אני עייפה.
6. חבל שלא הייתן במסיבה.
7. הוא היה חולה.
8. איפה דינה? למה היא לא במשרד?
9. איפה הייתם?
10. היינו בירושלים.
11. מחר לא נהיה בכיתה.
12. איזה יופי שאת פה!

3. מלא את הטבלה - בטור הימני בעבר ובטור השמאלי בעתיד:

Fülle die Tabelle aus - die rechte Spalte in der Vergangenheit und die linke im Futur:

עבר	הווה	עתיד
1.הייתי בירושלים.	אני בירושלים.	אהיה בירושלים.
.2	אימא לא בבית.	
.3	אבא במשרד.	
.4	אנחנו בטיול.	
.5	דָנִי בפארק?	
.6	המורָה לא בכיתה.	
.7	הם בחתונה.	
.8	אתן לא בקולנוע?	

4. כתוב בעתיד:

Schreibe im Futur:

1. הן לא במשרד. — הן לא יהיו במשרד.
2. אתה בבית.
3. אני בתל אביב היום.
4. הייתן בים?
5. הייתם בשוק הפשפשים?
6. היא לא היתה בטיול.
7. דנדוש בבית הספר.
8. למה רותי לא היתה בכיתה?
9. לא הייתי בבית.
10. לא היית̈ במסיבה.

20

⇨ IVRIT BEKEF Seite 232

5. כתוב "להיות" בעתיד בצורה הנכונה:

‚Haben' oder ‚nicht haben' im Futur. Setze „lihjot" in der richtigen Form ein:

1. לאבא לא *יהיה* זמן מחר.
2. ...... לךָ הרבה חברים.
3. ...... לו הרבה סבלנות לנכד שלו.
4. מחר אני לא עובדת. ...... לי זמן בשבילך.
5. ...... לנו זמן להכין שיעורי בית.
6. אתם עוברים לגור בירושלים. ...... לכם שם עבודה?
7. אני מאחלת[30] לך ש...... לך עבודה מעניינת!

6. מלא את החסר בטבלה:

Ergänze passend zu den Zeiten:

עבר	הווה	עתיד
1. היו לו הרבה חברים.	*יש לו הרבה חברים*	*יהיו לו הרבה חברים*
2.		תהיה לךָ מכונית חדשה.
3.	יש לי מזל.	
4. היתה לה עבודה.		
5.	אין לנו כסף.	
6.		לא יהיה להם זמן.
7. לא היתה לי סבלנות.		
8.		תהיה לךְ חברה.

20

7. כתוב בעתיד:

Schreibe im Futur. Achte darauf, wann „lihjot“ die Futurform von ‚sein’ und wann von ‚haben’ oder ‚nicht haben’ ist:

1. יש לך זמן כשאת בתל אביב? יהיה לך זמן כשתהיי בתל אביב?
2. כשאבא במשרד יש לו הרבה עבודה. ....
3. אתה מאושר כשיש לך הרבה חברים. ....
4. סבתא בבית ויש לה זמן בשבילנו. ....
5. למה הוא עצוב? ....
6. אנחנו לא בטיול כי אין לנו כסף. ....
7. הם עייפים ואין להם חשק לעשות שיעורי בית. ....

....

8. למה אין לכם סבלנות ללמוד? ....

⇨ *IVRIT BEKEF Seite 233*

8. הוסף מילה מתאימה לשורה:

Setzte ein passendes Wort in die Reihe:

.1	שמלה	מכנסיים	משקפיים	סנדל
.2	סופה		רוח	גשם
.3		חורף	אביב	קייץ
.4	תפוח	אבטיח	אגס	
.5	שמש		חם	בהיר
.6	זמרת	שחקנית		אמנית
.7		אופה	מורה	נהג

20

9. הקשב וקרא פסקול 75: נכון או לא נכון?

Höre und lies Track 75: Richtig oder nicht richtig?

1. הישראלים לא עושים ספורט. ☐ נכון ☐ לא נכון
2. בקיץ יוצאים בערב החוצה. ☐ נכון ☐ לא נכון
3. בקיץ אוכלים הרבה מרקים. ☐ נכון ☐ לא נכון
4. בחורף אין גשם. ☐ נכון ☐ לא נכון
5. בחורף יורד שלג בחרמון ובירושלים. ☐ נכון ☐ לא נכון
6. השנה היהודית מתחילה באביב. ☐ נכון ☐ לא נכון

10. איך יהיה מזג האוויר מחר / בשבוע הבא / בשנה הבאה?

Wie wird das Wetter morgen / in der nächsten Woche / im nächsten Jahr sein?

1. בקיץ שעבר היה מאד חם. אנחנו מקווים[31] שבקיץ הבא לא יהיה כל כך חם.
2. בשבוע שעבר היו סופות בכל הארץ.
   אנחנו מתפללים ש..
3. אתמול היתה הקלה במזג האוויר ולא היה חם מאד.
   אני מקווה שגם מחר..
4. בחורף שעבר היו הרבה שטפונות במדבר[32]
   אולי בחורף הבא..
5. בשבוע שעבר המזגן שלי היה מקולקל.
   מחר המזגן..

20

⇨ *IVRIT BEKEF Seite 237*

11. איזו מילה מתאימה?

Welches Wort passt? Suche das richtige Wort aus:

1. באר שבע נמצאת בדרום.	דרום / ~~דרומה~~
2. בסוף השבוע אנחנו נוסעים	צפון / צפונה
3. ברמזור אתה צריך לפנות	ימין / ימינה
4. הבנין בצד .... זה הדואר.	שמאל / שמאלה
5. ילדים, בואו	בית / הביתה
6. הוא רוצה להיות בשמונה ב..................	בית / הביתה
7. מחר אנחנו נוסעים	עיר / העירה
8. אתה מוכן לזוז[33]	צד / הצידה
9. למה אתה עומד ב.................. ?	צד / הצידה

⇨ *IVRIT BEKEF Ende Lektion 20*

12. הקשב וקרא פסקול 78 וענה על השאלות:

Höre und lies Track 78 und beantworte die Fragen:

1. מה דניאלה ואורי עושים? ....
2. באיזה מקומות חסרה האות "דלת"? ....
3. מה המשטרה מצאה? ....
4. איפה היא מצאה את ה"דלתים"? ....
5. לאן דניאלה ואורי ממהרים? ....

20

13. תרגם את המשפטים וכתוב אותם בכתב יד:

Übersetze und schreibe in Schreibschrift:

1. Morgen wird das Wetter außerordentlich warm sein.

___

2. Wenn Ruth groß ist (sein wird), möchte sie eine berühmte Sängerin sein.

___

3. Sie wird dann reich sein und sie wird viele Freunde haben.

___

4. Gestern hatte ich keine Zeit, aber morgen werde ich Zeit haben.

___

5. Es war noch nie so heiß im April!

___

6. Es wird morgen viele Überschwemmungen in der Wüste geben!

___

7. Was für ein Sturm draußen! Ich (f.) gehe heute nicht aus dem Haus!

___

8. Jedes Jahr müssen wir (m.) unser Abo für die Bücherei verlängern.

___

9. Ohne Pass ist es unmöglich, in England einzureisen (einzutreten).

___

10. Warum kommst du (f.) nicht zu mir?

11. Ruthi, warum kommt Mira nie zu dir? Immer gehst du zu ihr.

12. Du (f.) möchtest deinen Pass verlängern? Geh bitte zu Eli in Zimmer 5.

13. Es regnet nicht mehr. Wollt ihr (m.) nach draußen gehen?

14. Wir (m.) bleiben zwei Wochen im Süden.

15. Vor zwei Jahren wart ihr (f.) zwei Monate in China.

סוף טוב הכל טוב!

.1

2 - א, 3 - ד, 4 - ה, 5 - ו, 6 - ב

.2

עבר: 6, 7, 9, 10 הווה: 1, 4, 5, 8, 12 עתיד: 2, 3, 11

.3

2. אימא לא היתה בבית, אימא לא תהיה בבית 3. אבא היה במשרד, אבא יהיה במשרד 4. היינו בטיול, נהיה בטיול 5. דני היה בפארק?, דני יהיה בפארק? 6. המורה לא היתה בכיתה, המורה לא תהיה בכיתה 7. הם היו בחתונה, הם יהיו בחתונה 8. הייתן בקולנוע? לא תהיו בקולנוע?

.4

2. אתה תהיה בבית. 3. אני אהיה בתל אביב. 4. תהיו בים? 5. תהיו בשוק הפשפשים? 6. היא לא תהיה בטיול. 7. דנדוש יהיה בבית הספר. 8. למה רותי לא תהיה בכיתה? 9. לא אהיה בבית. 10. לא תהיה במסיבה.

.5

2. יהיו 3. תהיה 4. יהיה 5. יהיה 6. תהיה 7. תהיה

.6

2. היתה לך מכונית חדשה, יש לך מכונית חדשה 3. היה לי מזל, יהיה לי מזל 4. יש לה עבודה, תהיה לה עבודה 5. לא היה לנו כסף, לא יהיה לנו כסף 6. לא היה להם זמן, אין להם זמן 7. אין לי סבלנות, לא תהיה לי סבלנות 8. היתה לך חברה, יש לך חברה

.7

2. כשאבא יהיה במשרד, תהיה לו הרבה עבודה. 3. תהיה מאושר כשיהיו לך הרבה חברים. 4. סבתא תהיה בבית ויהיה לה זמן בשבילנו. 5. למה תהיה עצוב? 6. לא נהיה בטיול כי לא יהיה לנו כסף. 7. הם יהיו עייפים ולא יהיה להם חשק לעשות שיעורי בית. 8. למה לא תהיה לכם סבלנות ללמוד?

.8

Beispielwörter – es können andere eingesetzt werden.

2. שיטפון 3. סתיו 4. רימון 5. חמסין 6. רקדנית 7. טכנאי

.9

1. לא נכון 2. נכון 3. לא נכון 4. לא נכון 5. נכון 6. לא נכון

.10

2. שבשבוע הבא לא יהיו סופות. 3. תהיה הקלה ולא יהיה חם. 4. לא יהיו שטפונות במדבר. 5. לא יהיה מקולקל.

.11

2. צפונה 3. ימינה 4. שמאלה 5. הביתה 6. בית 7. העירה 8. הצידה 9. 33

.12

1. הם רואים חדשות בטלויזיה 2. במקומות רבים כמו בחברת האוטובוס "אגד", במסעדות ובחנויות. 3. 142 "דלתים" 4. בדירה ביפו 5. לדירה ביפו

.13

1. מחר מזג האויר יהיה חם מן הרגיל. 2. כשרות תהיה גדולה, היא רוצה להיות זמרת מפורסמת. 3. היא תהיה מאד עשירה ויהיו לה הרבה חברים. 4. אתמול לא היה לי זמן, אבל מחר יהיה לי. 5. אף פעם לא היה כל כך חם באפריל! 6. מחר יהיו הרבה שטפונות במדבר. 7. איזו סערה בחוץ! אני לא יוצאת מהבית היום! 8. כל שנה אנחנו צריכים להאריך את המנוי לספריה. 9. אי אפשר להיכנס לאנגליה בלי דרכון. 10. למה את לא באה אלי? 11. רותי, למה מירה אף פעם לא באה אלייך? את תמיד הולכת אליה. 12. אתה רוצה להאריך את הדרכון שלך? לך בבקשה לאלי בחדר חמש. 13. לא יורד גשם יותר. אתם רוצים לצאת החוצה? 14. אנחנו נשארים בדרום שבועיים. 15. לפני שנתיים הייתם חודשיים בסין.

1. מחר מזג האויר יהיה חם מן הרגיל. 2. כשרות תהיה גדולה, היא רוצה להיות זמרת מפורסמת. 3. היא תהיה מאד עשירה ויהיו לה הרבה חברים. 4. אתמול לא היה לי זמן, אבל מחר יהיה לי. 5. אף פעם לא היה כל כך חם באפריל! 6. מחר יהיו הרבה שטפונות במדבר. 7. איזו סערה בחוץ! אני לא יוצאת מהבית היום! 8. כל שנה אנחנו צריכים להאריך את המנוי לספריה. 9. אי אפשר להיכנס לאנגליה בלי דרכון. 10. למה את לא באה אלי? 11. רותי, למה מירה אף פעם לא באה אלייך? את תמיד הולכת אליה. 12. אתה רוצה להאריך את הדרכון שלך? לך בבקשה לאלי בחדר חמש. 13. לא יורד גשם יותר. אתם רוצים לצאת החוצה? 14. אנחנו נשארים בדרום שבועיים. 15. לפני שנתיים הייתם חודשיים בסין.

Wortschatz אוצר מילים

		6	
Zeitung	*'iton, 'itonim (m.)*	עיתון, עיתונים (ז')	1
Mail	*mejl (m.)*	מייל (ז')	2
und mehr, plus	*we'od*	ועוד	3
gleich	*schawe*	שווה	4
weniger, minus	*pachot*	פחות	5
		7	
essen	*le'echol, 'ochel*	לאכול, אוכל	6
Tomate	*'agwanja, 'agwanjot (f.)*	עגבניה, עגבניות (נ')	7
Olive	*sajit, sejtim (m.)*	זית, זיתים (ז')	8
Käse	*gwina, gwinot (f.)*	גבינה, גבינות (נ')	9
Brötchen	*lachmanja, lachmanjot (f.)*	לחמניה, לחמניות (נ')	10
Tante	*doda, dodot (f.)*	דודה, דודות (נ')	11
Touristin	*tajeret, tajarot (f.)*	תיירת, תיירות (נ')	12
		8	
Woche	*schawu'a, schawu'ot (m.)*	שבוע, שבועות (ז')	13
geschlossen	*ßagur*	סגור	14
		9	
Hund	*kelew, klawim (m.)*	כלב, כלבים (ז')	15
fahren	*noße'a, linßo'a*	נוסע, לנסוע	16
		11	
geboren werden	*nold, lehiwaled*	נולד, להיוולד	17
		12	
kochen	*mewaschel, lewaschel*	מבשל, לבשל	18
spielen	*meßachek, leßachek*	משחק, לשחק	19

sich waschen	*mitrachez, lehitrachez*	מתרחץ, להתרחץ	20
		13	
Computer	*machschew, machschewim*	מחשב, מחשבים ז'	21
Lust	*cheschek*	חשק ז'	22
beten	*lehitpalel, mitpalel*	להתפלל, מתפלל	23
Natur	*tewa*	טבע ז'	24
		16	
irgendwo	*'eifoschehu*	איפשהו	25
jemand	*mischehu*	מישהו	26
		17	
Flugzeug	*matoß, metoßim (m.)*	מטוס, מטוסים (ז')	27
		18	
für, adressiert an	*lema'an*	למען	28
Vertrag	*chose, chosim (m.)*	חוזה, חוזים (ז')	29
		20	
wünschen	*me'achel, le'achel*	מאחל, לאחל	30
hoffen	*mekawe, lekawot*	מקווה, לקוות	31
Wüste	*midbar, midbarim (m.)*	מדבר, מדברים (ז')	32
bewegen	*sus, lasus*	זז, לזוז	33

Karin Weiss | Smadar Raveh-Klemke

Dikduk bekef

Grammatik des heutigen Hebräisch

2019 · 217 S. mit etlichen Illustrationen
Kartoniert, Fadenheftung
ISBN 978-3-944312-70-5

Dieses Buch richtet sich an Ivrit-Lernende aller Stufen. Die behandelte Grammatik ist thematisch gegliedert, sodass eine schnelle Orientierung möglich ist, und vermittelt das zum Erlernen der Sprache wichtige Basiswissen. Alle hebräischen Beispiele sind auch in Umschrift und mit Übersetzung angeführt. Um den Zugang zu den Inhalten zu erleichtern, werden die notwendigen Fachbegriffe zu Beginn in einem eigenen Abschnitt ausführlich erläutert. Die Grammatik eignet sich als eigenständiges Werk zum Nachschlagen und Wiederholen, zugleich ergänzt sie das Hebräisch-Lehrwerk „Ivrit bekef". Mit dem Fokus auf der aktuell gesprochenen Standardsprache, den ganz alltäglichen Beispielsätzen und den humorvollen Illustrationen möchte das Buch dikduk bekef »Grammatik mit Spaß« vermitteln.

Smadar Raveh-Klemke

MA SE BE'IVRIT

Eine gezeichnete Alltagsreise auf Hebräisch

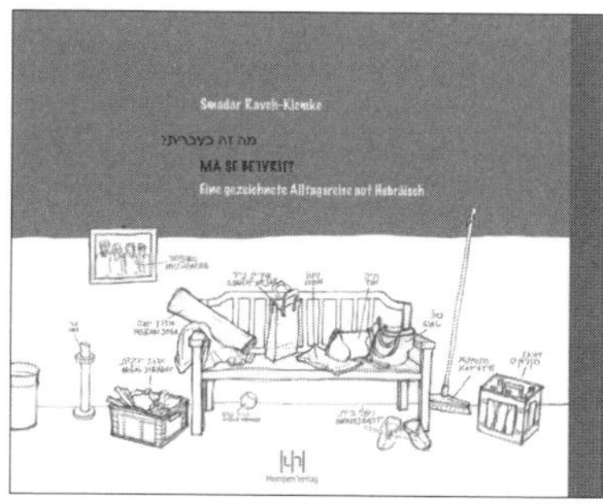

2015 · 200 S. mit 160 Zeichnungen von Alltagssituationen
Kartoniert, Fadenheftung
ISBN 978-3-944312-22-4

Dieses Buch richtet sich an Hebräisch-Interessierte und -Lernende, die neben einem Lehrbuch oder Sprachkurs ihren Wortschatz festigen und erweitern wollen. In den Zeichnungen begegnen Sie vertrauten Situationen, Bildern und Gegenständen und finden zugleich die hebräischen Bezeichnungen dafür. Diese vertrauten Situationen ermöglichen es Ihnen, persönliche Zusammenhänge mit Ihrem Alltag herzustellen und sich dadurch die Vokabeln leichter einzuprägen. Die Zeichnungen im Buch sind in den zwei Heimatstädten der Autorin, in Hamburg und Tel Aviv, an den Orten entstanden, nach denen das Buch gegliedert ist ‚Zu Hause', ‚Draußen', ‚Im Café', ‚Am Wasser', ‚An verschiedenen Orten' und ‚Bei Freunden'. Die Beschriftung der dargestellten Objekte erfolgt auf Hebräisch und in lateinischer Umschrift. Für die deutschen Übersetzungen kann die Wortschatzliste am Ende des Buches herangezogen werden. Diese umfasst alle hier aufgeführten Wörter und ist in alphabetischer Reihenfolge der Umschriftwörter sortiert. Das erleichtert denen die Suche, die mit der hebräischen Schrift weniger vertraut sind. Jedes Wort wird zusätzlich in seiner hebräischen Schreibung aufgeführt und ins Deutsche übersetzt.

Weitere Titel zum Hebräischen finden Sie unter: buske.de/hebraeisch

BUSKE